우리가 행복해지려면
......

손잡고 함께 올라라

신흥사 돌담을 쌓은 것은 석수장^{石手匠} 영감인데, 그 영감은 돈을 더 줘도 안 받는다. 돌담 쌓는데 돌 구하기 어려워 10년 걸렸다. 이 설법전을 지은 것은 목수장^{木手匠}이다. 그런데도 그들은 돌담을 '무산^{霧山}이가 쌓았다'고 하고, 법당은 '무산이가 지었다'라고 답한다.

무산으로서 나는 부끄러운 일이다. 회주스님이 했는지, 돌쟁이가 했는지 진실이 뭔가? 제대로 봐야한다. 내가 석수장이보다 못나 잔소리만 했는데 무산 큰스님이 돌담을 쌓았다 한다. 이 집을 목수가 지었는데 회주가 지었다 한다. 진실이 어디 있는가?

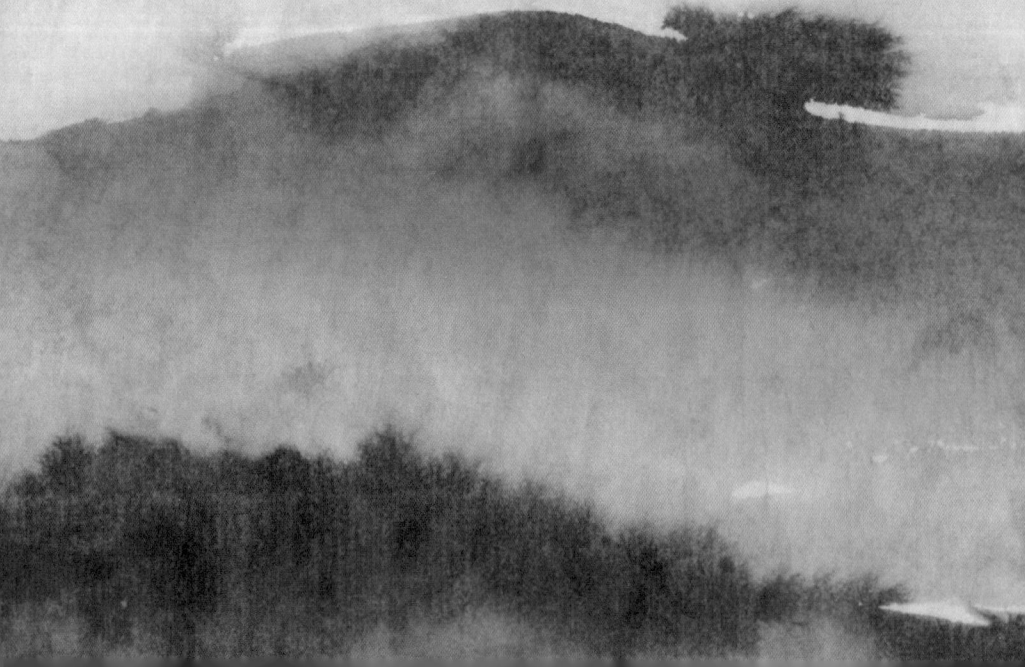

"절간에는 부처가 없다."

그렇다면 어디 있는고?

지금 여기······

그대 눈앞에 벗어나지 않았거늘

어디서 찾는가?

_설악雪嶽무산霧山 대종사大宗師 신묘년(2012) 동안거 해제 법문中

우리가 행복해지려면
손잡고 함께 올라라

1판 1쇄 인쇄 | 2019년 7월 4일
1판 1쇄 발행 | 2019년 7월 8일

지은이 | 조오현
펴낸이 | 홍행숙
펴낸곳 | 문학의문학

등록 | 105 91 90635
주소 | 서울시 마포구 토정로 222 한국출판콘텐츠센터 4층 422호
대표전화 | (02) 722-3588
팩스 | (02) 722-3587

ISBN | ISBN 979-11-87433-16-3 (03220)

· 이 책은 저작권법에 따라 보호받는 저작물이므로 무단 전재와 무단 복제를 금합니다.
· 잘못된 책은 구입처에서 바꾸어 드립니다.
· 책값은 뒤표지에 있습니다.

우리가
행복해지려면

문학의
문학

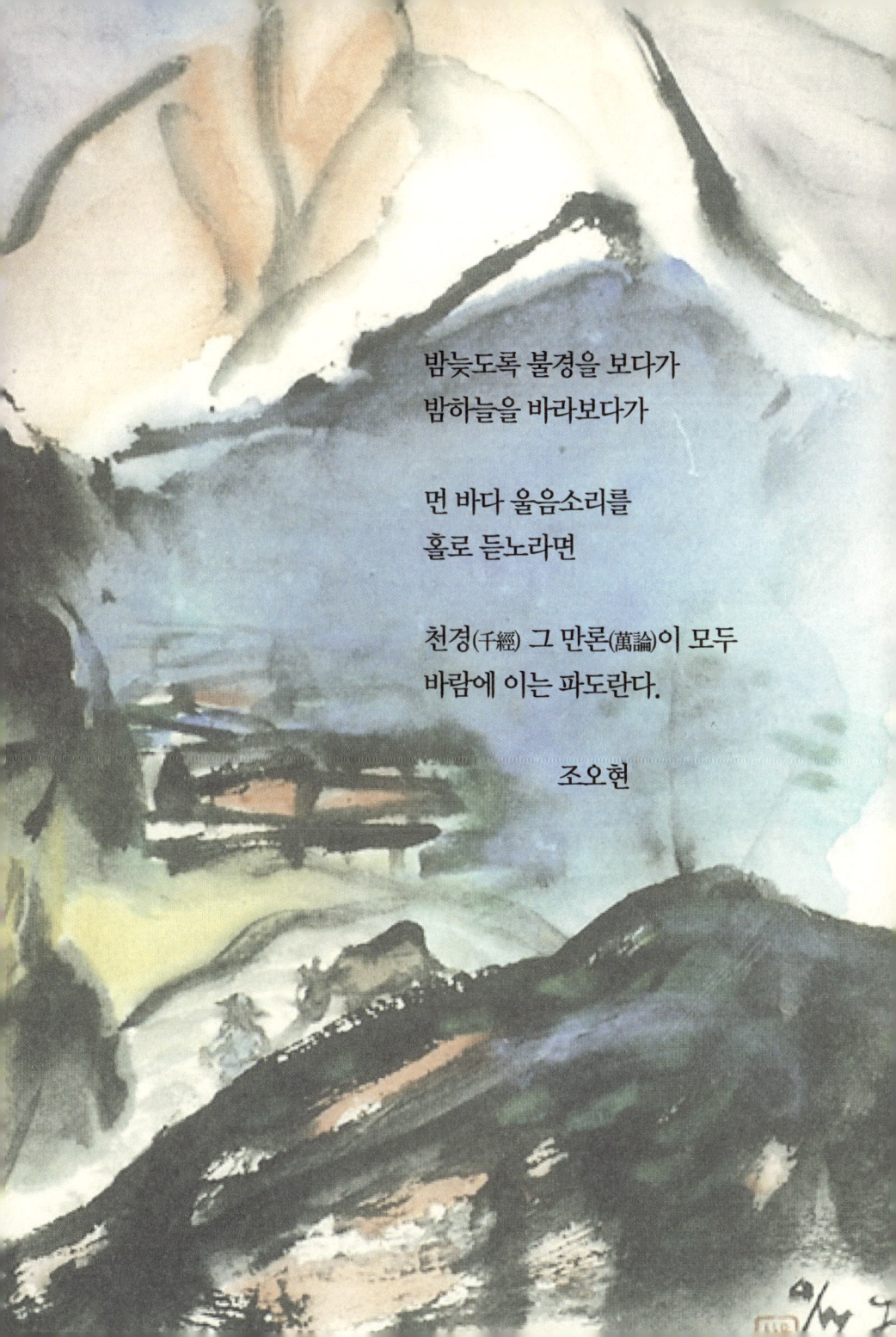

밤늦도록 불경을 보다가
밤하늘을 바라보다가

먼 바다 울음소리를
홀로 듣노라면

천경(千經) 그 만론(萬論)이 모두
바람에 이는 파도란다.

조오현

| 차례 |

현대를 살아가는 이들에게

무소유란 무엇인가 • 16
    무소유란? • 16
    무소유보다는 무집착을 • 17
    정직하게 사는 것이 무소유며 무집착 • 18
    다 가질 수는 없어 • 18
    부정에서 긍정으로 • 19
    우리가 행복해지려면 • 20

사랑의 의미 • 21
    사랑은 그런 것이 아닙니다 • 21
    비위 맞추기 • 21
    사랑은 왜 변하는가 • 22
    원망을 낳지 않는 사랑법 • 23
    사랑은 샘물 같아서 • 24

욕심을 버리고 • 25
    탐욕이냐 자비냐 • 25
    부처님도 정치를 할까 생각했다 • 26
    인생의 길 • 26

천천히 살면 • 27
동쪽으로 기운 나무 동쪽으로 쓰러져 • 28
서울에 녹지가 있나 • 28

스님이 본 미국 • 33
불교에 관심 갖는 서구인 • 33
미국에서 배워야 할 점 • 34
우리가 미국 입장이라면 • 35

전쟁을 막으려면 • 36
이데올로기에서 자유로워야 • 36
통일, 남북의 기득권 세력이 문제 • 37
핵은 포기해야 • 38
미국도 핵을 버려야 • 39
전쟁이란 • 39
언제까지 미워할 건가 • 41
우리 국민이 살길 • 43
부처님은 반전운동가 • 43
나 홀로 시위하신 부처님 • 45
전쟁을 막자면 • 46
피할 수 있으면 전쟁은 피해야 • 47

잘난 사람 못난 사람 • 49
    석가모니도 운전은 못해 • 49
    이름을 내려고 애쓰는 것은 • 50
    소 머슴으로 절에 들어와 • 51

벽암록이 우리에게 전하는 지혜

'사족(蛇足)'에 대한 변명 • 56
날마다 좋은 날 • 60
톡톡 탁탁 • 63
달마대사가 서쪽에서 온 까닭은 • 65
대웅봉에 홀로 앉아 • 69
아직도 설법하지 않은 것 • 72
아니지 아니야 • 76
임제가 한 대 때리다 • 78
꽃으로 울타리 삼아 • 82
날이 밝으면 오게 • 84
있는 그대로 말하기는 어렵다 • 88
천 날 벼슬을 해도 • 91
화살 한 개로 세 개의 관문을 통과하다 • 93
'뭐라고 할지 모르겠다' • 97
티끌로 나라 세우기 • 100
혜적은 바로 나다 • 103
'아직도 있냐'고 묻다 • 106
'호떡'이라고 대답하다 • 108
부처와 기둥이 사이좋게 지내다 • 111

약과 병은 서로 치료한다 • 113
보이지 않는 곳 • 118
금강경을 읽으면 죄업이 소멸되는가 • 121

무문관(無門關)을 통해 본 우리 인생

무문의 머리말[禪宗 無門關 自序] • 124
조주의 개 • 126
향엄의 나뭇가지 • 130
조주의 바리때 • 133
청세의 술 석 잔 • 138
동산의 몽둥이 • 141
국사의 부르심 • 146
남전의 평상심 • 149
송원의 혓바닥 • 152
잉산의 사구백비 • 156
세존의 채찍 • 160
달마의 안심(安心) • 164
오조의 노예 • 169

선문선답에서 깨닫다

머리말 • 176

중국 선사편

누가 그대를 속박했는가 • 179

요즘 시장의 쌀값이 얼마이더냐 • 182
하루 일하지 않으면 하루 먹지 말라 • 184
그대의 방법은 무엇인지를 이르라 • 186
구름은 하늘에 있고 물은 병 속에 있다 • 189
자네가 찾는 도(道)는 눈앞에 있다 • 194
살덩이는 천근이나 지혜는 반푼도 안 되는구나 • 196
지식으로는 얻을 수 없는 것 • 198
다투면 부족하고 사양하면 남는다 • 201
내 마누라도 그것을 아는데 • 203
하루하루가 좋은 날이구나 • 205

한국 선사편
만법(萬法)은 모두 마음에서 생긴다 • 207
나무에서 고기를 잡으려 하는가 • 210
해와 달은 동서가 따로 없다 • 213
금이 귀하다고 눈에 넣으랴 • 215
밥은 내가 먹고 배는 누님이 부를 수만 있다면 • 217
참 도(道)는 따로 있지 않다 • 221
죽으면 썩을 고깃덩이인 것을 • 224
내 얼굴 어디가 보고 싶은가 • 227
창문을 여니 담장이 눈앞에 있네 • 230
오동잎 떨어지니 온 천하가 가을이로세 • 233
우주는 5분 전에 창조되었네 • 235

일본 선사편
나를 사랑한다면 여기서 안아 보라 • 238
천하일미의 단무지 다쿠안 • 240

저세상 일은 죽어 보지 않아 모르겠노라 • 243
불경 간행보다 더 값진 것 • 245
관직보다는 사람을 만나고 싶다 • 247
어머니가 가르친 불교의 길 • 249
저 달까지 줄 수만 있다면 • 250
부귀영화보다 더 소중한 것 • 253
왜 여자를 안고 잠자리에 드는가 • 256
너의 분노는 어디에서 유래한 것이냐 • 259
성욕을 억제한다고 해결되나 • 261
지식을 비워야 지혜를 채우지 • 265

이야기가 있는 詩

절간 이야기 • 268

절간 이야기 4 • 269
절간 이야기 9 • 270
절간 이야기 11 • 271
절간 이야기 18 • 273
절간 이야기 24 • 275
절간 이야기 29 • 276

하루는 풀벌레로 울고 하루는 풀꽃으로 웃고 • 278

내가 나를 바라보니 • 279
무자화(無字話) — 부처 • 280
일색변(一色邊) 1 • 281
일색변 3 • 282

일색변 7 • 283
결구 8 • 284
산승(山僧) 1 • 285
산승 2 • 286
무설설(無說說) • 287
불이문(不二門) • 288
고향당(古香堂) 하루 • 289
겨울 산사(山寺) • 290
몽상 • 292
앵화 • 293
재 한 줌 • 294
산에 사는 날에 • 295

적멸을 위하여 • 296
근음(近吟) • 297
겨울 산짐승 • 298
인천만 낙조 • 299
치악 일경─정휴 선사에게 • 300
내가 쓴 서체를 보니 • 301
일색과후(一色過後) • 302
남산골 아이들 • 303
일월(日月) • 304
적멸을 위하여 • 305

아득한 성자 • 306
허수아비 • 307
축음기─일제하 어느 무명가수 생애를 떠올리며 • 308

숨 돌리기 위하여 • 309
성(聖), 토요일의 밤과 낮 • 310
어간대청의 문답(門答) • 311
내 삶은 헛걸음 • 312
된새바람의 말 • 313
고목 소리 • 314
시간론(時間論) • 315
비슬산 가는 길 • 316
자갈치 아즈매와 갈매기 • 317
아득한 성자 • 319

현대를 살아가는 이들에게

무소유란 무엇인가

무소유란?

불교에서 무소유를 말하는 것은 소유 자체를 부정하라는 것이 아닙니다. 그것은 소유에서 오는 집착을 끊으라는 것입니다. 왜 이렇게 말하는가 하면, 모든 것을 영원한 것으로 착각하며 사는 데서 온갖 탐욕적 집착이 일어나기 때문입니다. 돌아보면 우리는 누구나 영원히 늙지 않을 것으로, 병들지 않을 것으로, 죽지 않을 것으로 생각하며 삽니다. 그렇지만 인류의 역사가 시작된 이래 영원히 늙지 않고, 병들지 않고, 죽지 않는 사람은 아무도 없습니다. 그런데도 그렇게 생각하는 것은 존재의 실상을 바로 보지 못하기 때문입니다. 이것을 안다면 그렇게 살이 떨리리만큼 무서운 집착으로 살지는 않을 것입니다.

불교에서 무소유를 말하는 것은 지나친 집착에서 오는 소유를 줄여야 편안해진다는 것을 가르치기 위해서입니다.

무소유보다는 무집착을

나는 무소유가 아니라 무집착을 실현해야 한다고 봅니다. 무소유란 어차피 불가능한 것입니다. 물질적 수단 없이 인간의 생활은 도저히 영위되지 않습니다. 석가모니 부처님도 옷을 입어야 하고 밥을 먹어야 하고 서리를 피할 수 있는 집에서 잠을 자야 합니다. 그러자면 돈이 필요합니다.

무소유란 모든 것을 버리라는 것이 아니라 지나치게 집착하지 말라는 것입니다. 돈은 벌어야 하지만 정당하게 벌고 정당하게 써야 합니다. 이것을 불교는 나쁘다고 말하지 않습니다.

토정 이지함은 "벼슬이 하고 싶은데도 못하는 사람도 귀하냐, 그건 아니다. 능히 벼슬을 할 수 있는데 하지 않는 사람이 귀하다."고 했습니다. 이 말을 무소유의 문제에 빗대어서 말하면 이렇습니다. 세상에서 청빈한 사람, 무소유적인 삶을 사는 사람이 어떤 사람이냐. 아무것도 안 가진 사람, 빈털터리, 거지가 청빈하고 무소유한 사람이냐, 그건 아닙니다. 갖고 싶은데 못 가지는 거지는 못난 사람이고, 능히 가질 수 있는 사람이 안 가졌을 때 청빈하고 무소유한 것이라고 말할 수 있을 것입니다.

정직하게 사는 것이 무소유며 무집착

서산대사의 《선가귀감(禪家龜鑑)》에 보면 '사자구자개시염오야(捨者求者皆是染汚也)'라는 말이 있습니다. "버리는 것이나 구하는 것이나 다 더럽히는 것이다."라는 말인데, 이것은 집착하는 것이나 집착을 버리는 것이나 다 집착 때문에 생기는 것이니 사실은 참다운 무집착이 아니라는 것입니다. 그러니 나는 무엇을 구한다, 나는 무엇을 버린다, 나는 무소유다 그런 소리도 하지 말라는 것입니다. 그 대신 하루하루 매사에 정직하게 일해서 바르게 사용하면 그것이 바른 것이 됩니다. 사심 없이 정직하게 사는 것이 무소유이고 무집착이라는 말입니다.

다 가질 수는 없어

조금 불편하고 힘들더라도 참을 줄도 알아야 합니다. 너무 편하게만 살려고 하면 도리어 병도 생기고 버릇도 나빠집니다. 옛날에는 겨울에 기온이 30도 이하로 내려가도 감기에 쉽게 걸리지 않았는데 요즘은 툭하면 감기몸살입니다. 저항력이 그만큼 떨어진 것입니다. 그러니 무조건 많이 갖고 잘살려고만 발버둥칠 일이 아닙니다. 또 아무리 많이 가지려 해도 다 가질 수도 없습니다. 사는 동안 뭘 소유했다고 내 것이 아닙니다. 결국은 빈손으로 갑니다. 욕심껏 소유하고 싶어도 소유할 수 없습니다. 불교용어로 말한다면 불가득(不可得)입니다. 어떤 것도 내 것이 아니고 소유할 수 없다는 것입니다. 불교는 사람들에게 이런 것을 깨달아야 한다고 설득하는 종교입니다.

부정에서 긍정으로

　욕망을 욕망인 채 내버려 두면 아주 고약하고 몹쓸 것이 되기 쉽습니다. 정치를 해도 부정을 저지르기 쉽고, 경제를 해도 사기를 치기 쉽습니다. 문학을 하면 표절을 하게 되고 스포츠를 하면 규칙을 지키지 않게 됩니다. 그런 욕심을 걸러 내기 위해서는 욕망이 얼마나 허망한 것이고 더러울 수 있는지를 알게 해야 합니다. 그래서 그것을 부정하고 배제해야 합니다. 그래야 참으로 훌륭한 무엇이 됩니다. 위대한 시나 위대한 정치나 위대한 경제는 여기서 만들어집니다. 이것을 종교적으로 말하면 사랑이고 자비일 것입니다. 전면부정을 통해 전면긍정을 하게 되는 것입니다.
　불교가 욕망의 문제를 집요하게 말하는 뜻도 그 자체를 부정하기보다는 부정을 통해 더 큰 긍정을 이뤄 내기 위한 것으로 보면 됩니다.

우리가 행복해지려면

우리가 너무 소유에 집착하지만 않는다면, 그리고 조금만 넉넉한 마음을 갖는다면 그만큼의 행복은 보장되는 것이 아니냐 하는 생각을 자주 합니다. 물론 저는 출가 수행자이고, 또 중노릇이란 많은 것을 소유해야 하는 생활이 아닌 탓에 이런 말을 하는지도 모르겠습니다. 하지만 그렇다고 무한대로 소유하고 무한대로 소비한다고 행복할지는 의문입니다. 그렇게 할수록 우리는 더욱 탐욕에 목마르게 될 뿐입니다.

그런 점에서 저는 많은 사람들이 수행자들의 생활태도를 조금은 흉내 냈으면 합니다. 불교도, 특히 수행자들은 소비지수가 곧 행복지수라고 믿지 않습니다. 오히려 욕심을 줄이고 소비를 최소화함으로써 정신적 평안과 행복을 얻을 수 있다고 믿습니다. 수행자들의 이러한 태도는 물질주의의 소비만을 최고의 미덕으로 여기는 사람들에게 납득할 수 없는 몽상으로 비쳐질지도 모릅니다.

하지만 많이 비우면 비울수록 자유롭고 즐거운 삶도 있습니다. 너무 고정관념에 얽매이지 말고 이제부터라도 생활태도를 바꾸어 볼 일입니다.

사랑의 의미

사랑은 그런 것이 아닙니다

자기는 남에게 사랑을 주지 않으면서 상대방이 조금만 덜 주어도 섭섭하게 생각합니다. 받으려고만 하는 것은 이기심이고 탐욕입니다. 탐욕은 아무리 채워도 부족합니다. 갈증이 가시지 않는 것입니다. 사랑은 그런 것이 아닙니다. 조건 없이 주는 미소요. 조건 없는 용서요, 조건 없는 믿음입니다.

그런데 우리는 주기보다는 받으려고만 합니다. 여기서 목마름이 생기는 것입니다.

비위 맞추기

결국 모든 좋은 인간관계란 서로 비위를 맞춰 주는 관계라고 할 수 있습니다. 서로의 비위를 맞춰 주되 세련되게 맞춰 주는 것을 사회에서는 교양이라고 합니다. 이렇게 잘해 주기를 하다 보면 세상에는 참 좋은 일이 많이 생깁니다. 남녀 간에는 사랑이 생기고, 친구 간에는 우정이, 사제 간에는 믿음이 깊어집니다.

사람에 대한 서로의 이런 특별한 감정이 좀 더 범위를 넓혔으면 좋겠다는 생각을 합니다. 굳이 내 가족이나 몇몇 사람에게만 국한할 것이 아니라 보다 많은 사람이 서로에게 잘해 주고 비위 맞추기를 한다면 세상은 그만큼 달라질 것으로 봅니다.

사랑은 왜 변하는가

사람들이 사랑 때문에 슬퍼하는 것은 그것이 영원한 것이라고 믿기 때문인데, 그 속성을 안다면 속임을 당해도 억울함과 괴로움을 절반으로 줄일 수 있을 것입니다.

소설을 읽다 보면 젊은 남녀가 우여곡절을 겪다가 결혼에 성공하는 장면이 나옵니다. 우리는 그것을 사랑의 완성, 행복의 시작이라고 말합니다. 하지만 결혼이 사랑의 완성이라면 결혼했다가 이혼은 왜 합니까. 결혼생활을 하면서 싸움은 또 왜 합니까. 이렇게 생각하면 사랑이란 언제나 그 끝이 괴롭고 쓸쓸하지 않은 것이 없습니다. 여기에서 우리가 깨달아야 할 것은 연애지상주의자가 들으면 섭섭하겠지만 이 세상에서 영원한 사랑은 존재하지 않는다는 사실입니다. 왜 영원한 사랑이 존재하지 않는가. 모든 것은 제행무상(諸行無常), 즉 변해 가기 때문입니다. 사랑의 대상도 변하고, 나도 변해 가는 것입니다.

저는 특별한 한 사람에 대한 사랑보다는 부처님의 대자대비(大慈大悲)를, 측은지심(惻隱之心)을 배우려고 애씁니다.
이성을 볼 때 어린 여성은 누이동생이라 생각하고 나이 든 여성은 누님이나 어머니로 생각합니다. 아무리 욕망의 불꽃이 거세다 한들 자식이나 누이동생을 범할 수는 없는 일입니다. 이렇게 하면 최소한의 도덕적 한계는 무너뜨리지 않을 수 있습니다.

원망을 낳지 않는 사랑법

일색변(一色邊) 5

사랑도 사랑 나름이지
정녕 사랑을 한다면
연연한 여울목에
돌다리 하나는 놓아야

그 물론 만나는 거리도

이승 저승쯤은 되어야

사람은 누구나 자기 자신을 남보다 사랑합니다. 문제는 어떻게 하는 것이 정말로 자신을 사랑하는 방법인가 하는 것인데, 그것은 스스로를 괴롭히지 않는 것이어야 합니다. 스스로를 괴롭히지 않으려면 다른 이를 미워하지 말아야 합니다. 모든 책임을 타인에게 돌리면 미움의 감정이 생겨 자신을 괴롭히게 되지요. 그러나 자신에게 돌리면 스스로 용서하고 맙니다. 그래서 정말로 자기 자신을 사랑하는 사람은 남을 원망하지 않고 끝까지 용서하고 사랑하려고 합니다. 남을 이해하고 용서하는 마음은 결국 나를 편하게 하거든요. 이것이 바로 부처님이 가르친 '원망을 낳지 않는 사랑법'입니다.

사랑은 샘물 같아서

사랑은 샘물 같아서 남에게 줄수록 언제나 넘쳐흐르지만 받으려고만 하면 오히려 목이 마르게 됩니다. 사랑은 나눠 줄 때 보배지, 숨겨 두면 세월 따라 없어지고 맙니다. 사랑은 받기보다 아낌없이 주어야 행복해지는 속성을 가진 보물입니다. 이 보물을 제대로 쓰는 것이 우리가 할 일일 것입니다.

욕심을 버리고

탐욕이냐 자비냐

우리는 지금까지 사회의 제도가 인간을 변화시킬 것이라고 생각해 왔습니다. 그러나 제도가 탐욕적이고 이기적인 인간속성을 변화시킬 수는 없습니다. 자기희생적이고 이타적으로 인간을 변화시키기 위해선 종교적 수양이 있어야 합니다.

인간 본성을 탐욕과 무명에서 자비와 지혜로 바꾸지 못하면 세상은 어둠에서 벗어나지 못할 것입니다. 저는 사람들에게 자기를 성찰할 수 있는 명상을 권합니다. 인간 존재의 근원을 살피다 보면 탐욕이나 이기주의가 얼마나 허망한 것인가 깨닫게 됩니다.

인간의 탐욕은 식탐과 관계가 있습니다. 우리는 너무 잘 먹어 비만이 됩니다. 추우면 난방, 더우면 냉방, 조금만 멀어도 자동차를 탑니다. 속도를 중시하고 무엇이든 빨리 하는 능률지상주의가 미덕이 되고 있습니다. 그렇지만 그렇게 빨리 달려서 우리가 도달하는 데가 어디입니까. 빨리 가는 게 중요한 게 아니라 바르게 가는 게 중요합니다.

부처님도 정치를 할까 생각했다

모든 문제의 원천은 인간의 탐욕에서 비롯됩니다. 부처님이 당신의 모국인 카필라가 멸망하자 한때 정치를 할까를 생각한 적이 있었다고 합니다. 그러나 부처님이 지혜로 관찰해 보니 결국 문제가 되는 것은 인간의 욕심이었습니다.

부처님이 정치의 길보다 종교의 길을 택한 것은 인간의 욕심을 극복할 방법은 종교적 수양밖에 없다고 본 때문입니다.

인생의 길

백담사로 들어오는 구불구불한 길을 걷다 보면 우리 인생의 길과 비슷하다는 생각을 합니다.

인생사는 외길만 있는 게 아니라 고개도 있고 평평한 길도 있고 돌아가야 할 길도 있습니다. 사람들은 이런 인생의 길들을 잊고 그저 빨리 내달려 종점에 이르려고만 합니다.

　속도에만 치우치고 성과주의에 빠져 있습니다. 그렇게 빨리 달리려고만 하다가 사고도 내고 빨리 죽는 사람이 많습니다. 좀 천천히 가는 게 어떠랴 싶은데 참지 못합니다.

천천히 살면

　참선은 여러 방법이 있지만 그중에서도 좌선이 가장 좋습니다. 시테크다 뭐다 해서 1분 1초를 아끼는 사회에서 좌선은 그 반대로 천천히 걸어가는 것이지요.

　천천히 살면 욕망의 속도가 줄어듭니다. 그래야 편안해집니다. 외부의 환경을 바꾸기보다 마음을 편안하게 쉬어 주어야 합니다.

　우리는 하루에도 수십 번씩 화를 내며 싸우기가 예사입니다. 아수라가 되는 것이지요. 채워지지 않는 욕심 때문에 심한 갈증을 느낍니다. 이것이 아귀의 세계입니다. 그런가 하면 불쌍한 사람을 보면 자비심을 일으키기도 합니다. 이 순간 천상락(天上樂)을 누리는 것입니다. 이런 일이 하루만 반복되는 것이 아니라 평생을 두고 반복되는 것입니다.

동쪽으로 기운 나무 동쪽으로 쓰러져

모든 것이 시시각각 변하는 무상한 존재라는 점에서 어제의 나와 오늘의 나는 다릅니다. 만약 불변의 존재라면 늙거나 변하지 말아야 할 터인데 우리는 생로병사의 과정을 통해 시시각각 변해 갑니다. 매순간 다른 존재가 영속되고 있는 것이지요. 다만 그런 존재라 하더라도 우리가 어떤 업을 지으면 그 업은 피할 수 없습니다. 동쪽으로 기운 나무는 쓰러질 때 반드시 동쪽으로 쓰러진다는 것입니다. 다시 말해 개처럼 살면 살아서도 개로 불리고 죽어서도 개가 될 것입니다.

강을 건너면 뗏목을 버려야 그것을 지고 갈 수는 없습니다. 예를 들면 우리는 돈이면 최고인 줄 알고 돈 모으는 일에 목숨을 겁니다. 그러다가 나중에는 그것에 예속되고 맙니다.

서울에 녹지가 있나

오늘날 사람들은 생명을 존귀하게 생각하지 않습니다. 나만 편하면 남은 불편해도 괜찮고 인간만 행복하면 다른 생명은 죽어도 괜찮다는 이기주의가 만연해 있습니다. 결국 인간의 과도한 욕망이 인간도 죽이고 환경도 파괴하는 근본적인 원인이 아닌가 생각합니다.

　서울이 워낙 오래된 도시라서 현대적 도시를 만드는 데는 많은 무리가 따랐다고 봅니다. 그렇지만 너무 목전의 이익만 생각하다 보면 낭패를 보는 수가 생깁니다. 청계천과 한강 개발 문제 말고도 강남 개발이 그렇습니다. 강남은 강북이 포화상태에 이르자 계획도시로 개발을 했는데 왜 녹지공간을 만들지 못했는지 모르겠습니다. 예를 들어 봉은사 뒤 삼성산은 푸르게 놔두어야 숨통이 트이는데 그것마저 다 파헤치고 말았습니다. 서울에서 녹지라고는 창경궁, 종묘를 비롯한 몇몇 궁궐 부지를 빼면 하나도 없습니다.
　이렇게 자연과 인간을 고려하지 않고 이익만 앞세운 개발은 결국 재앙을 가져옵니다.

산창을 열면

　　화엄경 펼쳐 놓고 산창을 열면
　　이름 모를 온갖 새들 이미 다 읽었다고
　　이 나무 저 나무 사이로 포롱포롱 날고……

　　풀잎은 풀잎으로 풀벌레는 풀벌레로
　　크고 작은 푸나무들 크고 작은 산들짐승들

하늘 땅 이 모든 것들 이 모든 생명들이……

하나로 아우러지고 하나로 어우러져
몸을 다 드러내고 나타내 다 보이며
저마다 머금은 빛을 서로 비춰 주나니……

중국의 길장대사라는 분은 '초목성불론(草木成佛論)'을 주장했습니다.

풀과 나무도 다 부처가 된다는 것입니다.

이것은 모든 인간과 자연이 둘이 아니라 동일한 생명가치를 지니고 있다는 발상입니다. 그러므로 흘러가는 물이나 산에 지천으로 있는 나무조차 함부로 대하면 안 됩니다.

물 한 방울에는 그 속에 팔만 사천 중(衆), 즉 팔만 사천의 생명이 살고 있다고 가르칩니다. 그러므로 모든 것을 대할 때 생명에 대한 외경심을 가지라고 가르칩니다.

날이 갈수록 악화되는 환경을 지키기 위해서는 전 방위적인 노력이 뒤따라야 합니다. 그중에서도 가장 근본적인 것은 우리의 생각을 바꾸는 것입니다. 욕심을 조금만 줄이자, 조금만 불편을 감수하자, 나보다는 남을 먼저 생각하자, 이런 쪽으로 우리의 생각을 바꾸어 나가야 합니다. 그렇지 않으면 우리는 파괴된 자연으로부터 엄청난

보복을 받을 것입니다. 이미 가깝게는 식품에서도 그것이 나타나고 있지만 그 범위가 홍수, 지구온난화, 기상이변으로도 나타나고 있습니다. 세계를 휩쓸고 있는 자연재앙은 환경문제에 소홀하면 어떤 일이 생길지 모른다는 것에 대한 경고로 받아들여야 합니다.

스님이 본 미국

불교에 관심 갖는 서구인

근래 서구인들은 불교의 참선 명상에 관심을 갖고 있습니다.

현대사회는 물질적 풍요를 누리지만 스트레스를 많이 받습니다. 스트레스는 사실 내면에서 오는 것인데 불교는 이것을 지적하는 종교입니다.

"모든 고통과 불행은 밖에서 오는 것이 아니라 안에서 생긴다. 내면을 다스려서 마음이 평화를 얻어야 고통이 사라지고 행복해진다." 고 가르칩니다. 이런 메시지가 합리적인 서구인들에게 설득력 있게 먹혀드는 것이지요.

미국은 불교백화점이라고 할 만큼 여러 불교 교리가 들어와 있는데, 불교 수입은 늦었지만 오히려 우리보다 합리적입니다.

미국에서 배워야 할 점

땅덩어리가 넓어서 그런지 미국은 우리보다 여러 면에서 여유가 있습니다. 그런데 한 가지 병은, 걷지 않는 겁니다. 몇몇 도시를 다녀 보았더니 차도는 있는데 보도가 보이지 않아요. 사람은 직립동물이란 사실을 잊어버린 게 아닌가 싶어요.

오늘날의 미국문화, 미국으로 상징되는 자본주의와 자동차문화는 인간을 걷지 않고 생각하지 않는 동물로 만들고 있는 게 아닌가 싶습니다. 그러나 미국 젊은이들의 자립정신과 어른들의 기부문화는 본받아야 합니다.

미국에서 식당 일을 할 때 부잣집 딸이 종업원으로 같이 일했습니다. 어느 날 그의 부모를 만나 귀한 딸이 이런 일을 하는데 보고만 있냐고 했더니,

"사람은 일을 하지 않으면 죽는다. 일을 하면 의식주 걱정은 하지 않아도 된다. 유산을 물려주면 일을 하지 않을 거고, 그건 사람을 죽이는 행위나 마찬가지다."

라고 일을 통해 스스로 삶의 즐거움을 알게 해야 한다고 말하더군요.

자식에게 유산을 물려주면 자식은 삶의 즐거움을 맛보지 못하고 타락하게 된다는 의미심장한 뜻이 담겨 있습니다. 이건 우리가 배워야 합니다.

우리가 미국 입장이라면

미국에 갔을 때 들은 애기인데 워싱턴 시내에 있는 한국전 참전 기념 공원에는 '알지도 못하는 나라, 만나 본 적도 없는 사람들을 지켜 달라는 부름에 응한 미국의 아들딸들을 기리며……'라는 문구가 새겨진 탑이 있다고 합니다. 60년 전에 미국 청년들은 그렇게 한국에 와서 죽었습니다. 미국의 국익을 위한 측면도 있었겠지만 분명히 자유민주주의를 수호해 준 공이 있습니다. 이것을 잊으면 안 된다고 봅니다. 만약 우리가 미국의 입장이라면 어떨까를 생각하면 대답은 쉽게 나온다고 봅니다.

지난번 월드컵 때 터키는 형제국이라고 하면서 박수를 쳐 준 반면, 수십만을 잃은 미국에 대해서는 반미를 외친 것이 미국으로서는 섭섭할 수 있습니다. 이런 것은 다시 생각해야 합니다. 미국도 비판할 건 비판하고 해야겠지만 때로는 그 정도나 방법에서 문제가 많다고 봅니다.

미국 신문에, 반미 데모를 열심히 하던 사람들이 다음 날 미대사관에 가서 미국 비자를 받으려고 한다는 기사가 난 적이 있는데 이런 이중적 태도도 옳지 않습니다.

전쟁을 막으려면

이데올로기에서 자유로워야

출가에는 세 가지 뜻이 있습니다.

첫째 육친출가(肉親出家), 부모 형제 처자로부터 떠나는 것입니다.
둘째 오온출가(伍蘊出家), 자신에 대한 집착에서 떠나는 것입니다.
셋째 법계출가(法界出家), 진리라고 믿는 세계로부터 떠나는 것입니다.

세상에는 많은 진리가 있습니다. 모든 진리는 그 나름의 논리와 정당성을 갖고 있어 반대편의 진리를 용납하지 않습니다. 이 독단과 편견이 자신과 이웃을 오류와 파멸의 구렁텅이로 몰아넣을 수 있습니다. 출가자는 독단으로부터 벗어나야 합니다. 법계출가는 요즘 말로 치면 이데올로기에서 자유로워야 한다는 뜻입니다.

불교의 이러한 정신은 수행자뿐 아니라 정신적 가치를 추구하는 이들이 참고로 삼을 만하다고 봅니다.

통일, 남북의 기득권 세력이 문제

통일을 입으로만 말하고 실제로는 원하지 않는 사람도 있지 않을까 하는 생각을 하게 됩니다. 기득권을 유지하기 위해 남북 양쪽의 기득권 세력은 오히려 통일을 원하지 않을지도 모른다는 것입니다. 실제로 남북관계에 대해 우리 남한 내에서도 적대적인 생각을 드러내는 사람들이 적지 않습니다. 이는 북쪽도 마찬가지라고 생각됩니다. 이들은 통일이 된다면 자기가 가진 기득권을 내놓아야 할지도 모른다는 불안감 때문에 앞에서는 통일을 말하는 척하지만 돌아서면 딴지를 걸고 있습니다. 그런 속내가 산중에 사는 중에게까지 들킬 정도라면 실제로 그런 사람이 적지 않다고 보아야 할 것입니다.

남쪽에서도 체제가 흔들리는 걸 가장 겁내는 사람들은 가진 자들입니다. 그러나 공존하지 않으면 결국 다 빼앗기게 됩니다. 원래 모든 것은 자기 것이 아니거든요. 잘못해서 전쟁이라도 나게 되면 모두 사라진다는 걸 알아야 합니다. 이것을 모르고 가지고 있는 것에만 집착하면 정말 모든 것을 잃을 수 있습니다. 그러므로 남이

든 북이든 가진 사람들은 너무 욕심을 부리려고 하면 안 됩니다. 내가 조금 덜 갖겠다고 생각하면 해결의 길이 열리는데도 '전부가 아니면 전무(全無)'라는 생각을 하면 나는 물론이고 남도 불행하게 만듭니다. 버릴 것은 버리고 포기할 것은 포기하는 것이 함께 사는 길입니다. 6·25전쟁이 그 사실을 참혹하게 증명해 주고 있다는 것을 알아야 합니다.

핵은 포기해야

많은 사람들은 남북 기득권층의 보이지 않는 저항과 북한의 핵문제가 남북문제를 진전시키는 데 가장 큰 장애가 된다고 보고 있지만 저는 그 반대라고 봅니다.

경우에 따라 핵문제는 통일을 앞당기는 촉매제가 될 수 있습니다. 왜냐하면 북한이 핵을 가지고 있다가는 주변국들이 고립정책을 쓰게 될 것이기 때문입니다. 굶어 죽게 만든다는 것이지요. 그렇게 되면 결국 핵을 포기하게 될 것입니다.

만약 핵을 포기하거나 아니면 아예 없는 것이 확인된다면 남북관계는 빠르게 진전될 수 있습니다. 남북문제는 빠르게 통일의 방향으로 나가게 될 것이라는 게 저의 짐작입니다.

미국도 핵을 버려야

요즘은 전쟁하는 무기를 만들어도 너무 무자비하게 만드는 것 같습니다. 별별 살상무기가 다 있습니다. 폭탄도 땅에 떨어져서 터지는 것이 아니라 공중에서 터져서 사람을 죽인답니다. 전쟁과학이란 게 어떻게 하면 일시에 사람을 많이 죽일 수 있을까를 연구하고 있다는 얘깁니다.

예전에 미국에 갔을 때 어떤 작가를 만나 인터뷰를 한 적이 있는데, 참으로 미국이 세계평화를 위한다면 살상무기를 만드는 돈으로 빵을 만들 것을 주문했습니다.

그리고 미국이 핵을 버리면 북한 등 다른 나라도 핵을 버릴 것이라고 강조했습니다.

그리고 이라크에 군대를 보내지 말고 기독교 선교사를 보내면 평화가 올 거라고 말했습니다.

전쟁이란

이산가족 상봉 때 어느 신문 독자마당에 실린 시를 읽은 적이 있는데 정말 가슴 뭉클한 느낌을 받았습니다. '이산가족'이라는 시를 소개하면 이렇습니다.

이산가족

언니 모습 날마다
북쪽 하늘에 그려 보며
달밤에 둥근 달에도 그려 보던
50여 년 세월도 강물 따라 흘러가고
언니 이름 부르시고 또 부르시던 어머니는
언니 찾아 이 세상 떠나시고,
아버지도 가시고 오빠마저…

이런 소식 아는지 모르는지
이 아우의 가슴은 저리고 미어지는 듯

언니 만나면
내 눈물 두 손 모아 오목히 받아
그 고왔던 얼굴 씻어 주고
주름 젖은 얼굴도 고이 펴 주련만

어이해 생시에 못 오면
꿈엔들 꼭 한번 만나기를
새끼손가락 깨물며
내 머리카락 백발이 되도록
기다릴 이 아우가 두 손 모아 빌면서

이 시는 75살 먹은 임덕진이라는 할머니의 작품입니다. 저는 이 작품을 읽으면서 무슨 설움 같은 것이 치밀어오르고 눈시울이 뜨거워지는 걸 느꼈습니다. 저는 이 시를 통해 전쟁이란 무엇인가, 전쟁이 남긴 상처가 얼마나 깊은가, 전쟁이 남긴 것이 무엇인가를 생각해 보았습니다.

생각해 보면 우리 민족의 분단은 우리가 원해서가 아니라 소련과 미국으로 대표되는 강대국의 이해관계에 의한 이념 갈등의 산물이었습니다. 우리는 남의 장단에 춤추면서 분단과 전쟁, 그리고 50년이 넘는 대립과 반목을 해 오고 있습니다. 이로 인해 우리가 겪어야 했던 고통은 이루 말할 수 없이 큰 것이었습니다. 이제 우리는 이런 대립과 갈등에서 벗어나 화해와 상생, 통일의 길로 나가야 합니다. 그래서 전쟁의 불안도 씻어 내고, 이산가족의 눈물도 닦아 주고, 평화와 번영을 구가해야 합니다.

언제까지 미워할 건가

스님들이 예불할 때 외우는 참회게(懺悔偈)라는 것이 있는데 그 내용은 이렇습니다.

죄란 본래 자성이 없이 마음 따라 일어나니

> 만약 그 마음이 없어지면 죄는 없어지리라
>
> 죄도 없고 마음도 없어져 모두 비게 되면
>
> 이를 가리켜 진실한 참회라 하는 것이네

　이 게송은 미워하는 마음만 없어지면 모든 것이 편안해지고 용서가 이루어진다는 가르침입니다. 죄라든가 증오라는 것은 실체가 있는 것이 아닙니다. 다 감정의 소산입니다. 그것을 멈추면 평화가 옵니다. 그렇지 않을 때 지구에는 전쟁이 사라질 날이 없습니다. 그러므로 이제는 민족적 차원에서 남북이 한 민족, 한 핏줄이라고 생각하는 대승적 발상을 가져야 합니다. 언제까지 미움 때문에 적대감을 버리지 못한다면 통일의 길은 멀어집니다. 이제 우리는 새로운 발상으로 새로운 사고방식을 가져야 합니다. 지금은 용서하고 화해하는 것이 중요하지 분노하고 증오하는 것은 역사의 진보를 방해할 뿐입니다. 지금 와서 사과를 받는다고 죽은 사람이 살아서 돌아오는 것도 아니고, 미움만 깊어지면 서로에게 손해입니다.

　우리에게 의미 있는 것은 평화롭게 잘사는 것입니다. 그러나 미움이 깊어져 오래도록 남북이 갈라져 있으면 국가발전, 민족발전도 안 될뿐더러 이 땅에 사는 사람들이 정서불안 때문에 살 수가 없습니다. 돈 많은 사람들이 아이들을 미국으로 보내는 이유도 여기에 있는 것입니다. 결국 사과를 받아야 하겠다든가 용서를 못하겠다는 것은 감정싸움이거나 핑계에 불과합니다.

우리 국민이 살길

저는 우리 국민이 살아갈 길은 부산에서 출발한 열차가 이북·시베리아를 거쳐 유럽의 여러 나라에 도착하는 길뿐이라고 생각합니다. 만약 이대로 남북철도가 연결되지 않고 앞으로 지속된다면 우리 국민들은 숨통이 막혀 다 죽게 될 것입니다.

부처님은 반전운동가

불교는 매우 극단적인 평화주의 종교입니다. 불교의 제 일계율은 생명을 죽이지 말라는 불살생(不殺生)입니다. 살생을 금하는 계율의 배경에는 생명의 등가성(等價性)이 자리 잡고 있습니다. 불교는 모든 중생이 다 부처가 될 것이라고 가르칩니다. 사람은 물론이고 생명이 있는 모든 것은 다 미래의 부처님입니다. 이런 생명을 죽이는 것은 바꿔 말하면 미래의 부처님을 죽이는 것이 됩니다. 그러므로 어떤 경우에도 생명을 해치는 행위를 해서는 안 된다는 것이 부처님의 가르침입니다. 저 유명한 《법구경》의 구절은 우리가 왜 생명을 존중해야 하는가를 설명해 줍니다.

살아 있는 존재는 다 죽음을 두려워한다.

폭력을 두려워하지 않는 사람은 하나도 없다.
자기에게 관대한 것처럼 남에게도 그렇게 하라.
절대 죽이지 말고 폭력을 행하지 말아야 하리라.

여기서 말하는 불살생의 원리는 간단합니다. 내 목숨이 소중하다면 다른 생명도 중요하니 자기에게 관대한 것처럼 남에게도 관대하라는 것입니다.

부처님은 이런 가르침을 말로만 설법하지 않았습니다. 분쟁이 있는 곳이 있으면 직접 찾아가서 설득했습니다. 부처님은 매우 적극적인 평화주의자이자 반전운동가였습니다. 《본생경》이라는 불경에는 물싸움이 발단이 돼 전쟁이 일어나려 하자 이를 말리는 모습이 나옵니다. 이 싸움의 당사자인 콜리족과 석가족은 로히니 강을 사이에 두고 평화롭게 지내는 사돈지간이었다고 합니다. 그러나 어느 해 여름 가뭄이 들자 농업용수 때문에 시비가 일어나 전쟁 일보 직전까지 이르렀습니다. 마침 이곳에서 멀지 않은 숲에 있던 부처님은 이 소식을 듣고 물싸움 현장으로 달려가 싸움을 중재했습니다.

"왕이여, 물과 사람 중 어느 쪽이 더 중요합니까?"

"물론 물보다 사람이 더 중요합니다."

"물싸움 때문에 사람을 죽이려는 것은 옳지 않습니다. 전쟁은 원한을 낳고 원한은 다시 더 큰 전쟁을 부를 뿐입니다."

두 종족은 부처님의 중재로 전쟁을 포기하고 화해의 악수를 나누었다고 합니다.

나 홀로 시위하신 부처님

부처님은 또 전쟁을 막기 위해 '나 홀로 반전시위'를 벌인 적도 있었습니다. 《증일아함경》에 보면 코살라라는 강대국이 석가족을 멸망시키던 때의 비참한 모습이 기록돼 있습니다. 코살라의 새로 등극한 비루다카 왕은 영토확장 경쟁에서 우위를 차지하기 위해서 부처님의 모국인 카필라를 공격했습니다. 여기에는 비루다카가 소년시절에 카필라를 방문했다가 자신의 어머니가 노비 출신이라는 이유로 모욕을 당한 것에 대한 앙갚음의 뜻도 포함돼 있었습니다. 소문을 들은 부처님은 국경지역의 앙상한 나무 밑에 앉아서 출정하는 비루다카 왕을 기다렸습니다. 이를 본 비루다카 왕이 물었습니다.

"잎이 무성한 니그로다 나무도 있는데 왜 마른나무 밑에 계시는지요?"

"친족의 그늘이 다른 곳보다 시원한 법이지요."

부처님의 뜻은, 당신을 생각해서라도 고향 카필라를 공격하지 말아 달라는 것이었습니다. 그렇지만 왕은 끝내 카필라를 침공해 석가족을 참혹하게 도륙합니다.

《비나야잡사》라는 책에는 부처님이 끝까지 전쟁을 막지 못한 후

회와 고통이 어떠했는가를 이렇게 묘사하고 있습니다.

'종족이 몰살당하자 부처님은 심한 두통을 느꼈다. 부처님은 아난에게 발우 가득 물을 떠 오게 했다. 그 물을 이마에 뿌리니 곧 연기가 나며 소리 내어 끓었다. 그것은 마치 달아오른 쇳덩이에 물을 뿌린 것과 같았다.'

전쟁을 막자면

우리가 현실에서 평화를 얻는 방법은 딱 세 가지밖에 없습니다. 하나는 아까 말한 국가 간의 힘의 균형을 이루어서 불안한 평화를 얻는 것입니다. 둘째는 세계를 하나의 통일제국으로 만들어서 더 이상의 침략이나 전쟁을 아예 무용하게 만드는 것입니다. 마지막으로 가장 좋은 방법은 강대국이나 약소국이 서로를 존중하며 협력하는 것입니다. 그런 이상으로 만들어진 것이 유엔과 같은 기구일 것입니다. 그러나 현실은 이러한 이상을 충족하지 못합니다. 개별 국가가 자기 이익에 따라 행동하기 때문입니다.

이를 극복할 방법의 하나로는 세계국가 같은 것을 생각해 보는 것입니다. 과거에는 교통통신이 덜 발달돼 어려웠지만 요즘은 '지구촌 시대'라는 말이 일상화되었습니다. 또 세계화와 더불어 점점 민족국가 개념도 사라지고 있습니다. 이제 무엇인가 새로운 돌파구를 생각할 때가 아닌가 합니다. 여기에는 불교의 세계일화(世界一花) 사상이 좋은 이념이 되리라고 봅니다.

피할 수 있으면 전쟁은 피해야

우리는 전쟁을 앞두고 여러 가지 명분과 이익을 따져 봅니다만 어떤 경우라도 사람의 목숨보다 더 중요하고 거룩한 것은 없습니다. 역설적이긴 하지만 우리가 전쟁을 하고 사람을 죽이는 것도 '살기 위해서'입니다. 전쟁은 내가 살기 위해서 남을 죽이는 행위라는 점에서 부도덕한 것입니다.

역사적으로 정의를 가장하지 않은 전쟁이 없지만, 어떤 전쟁도 추잡한 욕심이 개재되지 않은 것은 없습니다. 그렇다면 설사 불의(不義)하더라도 전쟁은 회피할 수 있으면 회피하는 것이 최상이고 최선이라고 봅니다. 병법에도 '부전승(不戰勝)이 최상승(最上勝)'이라 했습니다. 싸우지 않고 이기는 것이 최고라는 것입니다. 왜 그런가 하면 아무리 사소한 싸움이라도 하다 보면 상처를 입게 되고 그것은 결국 손해를 가져오기 때문입니다. 그런 의미에서는 전쟁만 나지 않는다는 보장이 있다면 서로 팽팽하게 겨루면서 '불안한 평화'를 지키는 것이 어떨지 모르겠습니다.

잘난 사람 못난 사람

석가모니도 운전은 못해

사람들은 꽃 중에서는 장미꽃이 곱다고 하고, 국화꽃은 오상고절(傲霜孤節)이라며 알아줍니다. 또 소나무는 독야청청(獨也靑靑)이라고 꼽습니다. 그러나 뒷동산 할미꽃이나 패랭이꽃도 향기와 아름다움이 있고, 참나무나 개떡갈나무도 푸른 잎을 가진 나무입니다. 모두가 그 나름의 값이 있는데 어떤 것만 좋고 나쁘다고는 말할 수 없지요. 이것은 인식의 세계에서도 마찬가지입니다.

제가 우리 절에서 가장 존경하는 사람은 밥 짓는 공양주보살과 허드렛일 돌보는 부목처사입니다. 그 사람들은 제가 갖지 못한 능력을 가지고 있어요. 우리 절의 부목처사는 저보다 뛰어난 데가 많은 사람입니다. 저는 자동차 운전을 못하는데 그 사람은 운전을 잘해요. 석가모니도 운전은 못했어요. 운전을 못하는 사람한테 운전을 잘 하는 것처럼 잘난 것이 어디 있겠습니까.

이름을 내려고 애쓰는 것은

신문 잡지에 얼굴이 나오는 것을 좋아한다든가 하는 것은 종교인답지 못한 태도라고 봅니다. 이름내기 좋아하는 설익은 종교인이 그 수단으로 문학을 이용하는 것은 본인도 그렇고 남 보기에도 그렇고 결국은 자기를 더럽히는 것이지 명예로운 것은 아닙니다. 서산대사가 말하기를, "흉은 감춰도 그 이름은 감출 수가 없다."라고 했는데, 이 말은 수양을 잘하면 저절로 이름이 나는데 자기 스스로 이름을 내려고 하는 것은 부끄러운 일이라는 것이지요. 그런 점에서 저도 부끄러움을 많이 느낍니다.

그러나 문학과 종교, 시와 불교는 소 닭 보듯 하는 그런 사이는 아닙니다. 문학과 종교는 제법 친연성(親緣性)이 많습니다. 예를 들어 옛 선사들은 많은 시문을 남기셨습니다. 읽어 보셨는지 모르겠습니다만 고려 때의 진각(眞覺) 혜심(慧諶)이나 태고(太古) 보우(普愚), 나옹(懶翁) 혜근(惠勤) 같은 선사, 조선시대의 청허(淸虛) 휴정(休靜), 소요(逍遙) 태능(太能), 청매(靑梅) 인오(印悟) 같은 스님들의 선시는 선의 진수를 노래한 것이지만 문학적으로도 매우 뛰어난 작품으로 정평이 높습니다. 선사들의 게송 외에 경전에도 훌륭한 종교시가 많습니다. 유명한 《법구경》은 게송으로 이루어진 경전입니다. 부처님이 제자들을 가르칠 때 외우기 쉽도록 게송으로 설법한 것을 모아 놓은 것이지요. 또 부처님 일생의 일대의 모습을 찬탄한 《불소행찬(佛所行

讚)》등 많은 경전이나 어록 속에서 이와 같은 게송을 쉽게 만날 수 있지요. 불교의 종교문학은 여기에서 비롯됩니다.

소 머슴으로 절에 들어와

저는 문학을 전업으로 하기보다는 불교와 겸업으로 하는 사람이라서 가끔은 혼돈을 느낄 때도 있습니다. 돌이켜보면 상하사불급(上下寺不及)이라, 겸업 아닌 겸업으로 시인으로도 실패했고 수행승으로도 실패했습니다만 굳이 불교와 문학, 훌륭한 수행승과 훌륭한 시인 두 가지 중에 하나를 선택하라고 한다면 저는 시인보다는 스님을 택할 것 같습니다. 말은 겸업이지만 어디까지나 저의 본업은 수행자란 뜻이지요.

전쟁 직후는 참 어려운 시기였습니다. 저는 그 무렵 절에서 살았는데 절집도 너무 궁핍해서 수행을 한다든가 하는 기풍보다는 호구(糊口)가 문제였을 때입니다. 거기다가 종단은 비구승과 대처승이 싸우면서 혼란을 겪고 있었습니다. 저는 그때까지 서울 구경을 못한 촌놈이었습니다. 저는 밀양의 한 시골 절에서 소 머슴살이도 하고 이런저런 책을 읽으며 문학과 종교에 대해 많은 고민을 했습니다. 저도 그때는 종교나 문학이 과연 무엇을 할 수 있을지를 회의했습니다. 그때는 정말 가난이 우리의 모든 것을 지배하던 시대였습니다.

저는 아주 우연한 기회에 시를 만났습니다. 저는 학교도 제대로 다니지 못했습니다. 소 머슴으로 절에 들어와서 처음에는 한문도 배우고 불경도 읽었는데 묘한 인연 때문에 그것도 제대로 못했습니다. 한동안 문둥이도 따라다니면서 방황하다가 삼랑진 금무산에 있는 약수암이라는 암자에서 한 5년 열심히 수행을 한 적이 있습니다.

그러다 어떤 연애사건이 있었고 하여튼 절에서 나와 방황을 좀 했습니다. 50년대 초반이니까 당시에는 도시나 시골이나 먹을 것도 부족하고 문둥이와 상이군인도 많은 그런 세상이지 않았습니까. 저도 만행을 한답시고 탁발을 다녔지요. 그런데 한번은 어느 집 안마당에 들어가 1시간 가까이나 독경을 해도 시주를 하지 않는 거예요. 방 안에 분명히 사람이 있는데 인기척도 내지 않고 문구멍으로만 빼꼼하게 내다보는 거예요. 그러자 저도 탁발보다는 누가 이기나 오기를 부리며 경을 읽은 것이지요. 그때 마침 이목구비가 반쯤 허물어진 문둥이가 제 앞에 와서 우뚝 서는 것이에요. 그러자 방문이 왈칵 열리면서 늙수그레한 주인마님이 모습을 나타냈는데 문둥이에게 쌀을 한 됫박이나 주고 명색이 삼계대도사(三界大導師)요, 법왕의 제자인 저에게는 장종지에 한 움큼이 될까 말까 한 쌀을 주는 것이에요. 그 순간 저는 도통을 했지요. '아, 세상 사람들은 삼계대도사요 법왕인 거룩한 부처님보다 문둥이를 더 무서워하는구나. 젠장할 세상, 나도 문둥이나 되어야겠다.' 이렇게 다짐을 하고 문둥이를 따라갔습니다. 그는 곧 허물어질 것 같은 다리 밑에 거적때기로 움막을 만들어 놓고 마누라와 살고 있었는데, 남자는 이미 온몸이 다 문드러지고 여자의 몸에는 울긋불긋 복사꽃이 피기 시작하는 중이었습니다. 문둥이 부부는 처음에는 음산하게 웃으며 경계를 하더니 저를 받아 주었습니다. 그래서 그들과 한식구가 되어 한 해 겨울을 따뜻하게 보냈습니다. 그곳은 경상도 영천 땅이었지요.

그런데 다음 해 봄이 되자 이 문둥이 부부는 어느 날 밤 편지 한 장 남기고 사라졌어요. '행자님은 절에 가서 공부해서 부처가 되라.'는 그런 내용이었습니다. 저는 그 편지를 들고 문둥이 부부를 찾아 1년 가까이, 해남의 땅끝 마을까지 전국을 헤맸으나 결국 못 찾고 말았습니다. 그리고 나서 오랫동안 방황하다가 다시 절로 들어갔는데 그게 삼랑진 약수암이라는 암자였습니다.

저에게는 별다른 문학수업이라는 것이 없었습니다. 사실 저는 처음에는 중이 산에서 무엇을 하는 사람인지도 모르고 절간 소 머슴이 됐습니다. 그러니 문학이 무엇인지 알 리가 없었습니다. 그런데 절간 소 머슴살이를 몇 해 하면서 이 세상에서 제가 할 일은 중노릇뿐이라는 생각이 들었던 것처럼 시를 쓰게 된 것 또한 우연한 만남에 의해 선택한 것이지요.

그러니까 삼랑진 암자로 갈 때는 '석가도 6년 수도를 해서 우주의 진리를 다 깨쳤다는데 나라고 못할 것이 무어냐, 석가는 2,500년 전 태어났으니 미개한 시대 사람이다, 내가 뒤질 것이 없다.' 이런 오기로 집중적인 명상 수련도 하고 책도 읽으며 나름대로 그림자가 부끄럽지 않게 열심히 살았습니다. 그렇게 몇 년을 잘 지내고 있었습니다. 그러던 어느 날 동가식서가숙(東家食西家宿)할 때 알았던 이제우, 강흥남이라는 친구가 기고만장한 문학청년이 되어 깊은 골짜기로 저를 찾아왔어요. 두 친구는 그들이 쓴 시와 시조를 보여 주면서 인생이 어떻고 문학이 어떻고 하면서 며칠을 가지 않고 떠들어 대는 것이었습니다. 암자에는 먹을 것도 없는데 말입니다. 그래서 그 따위 시나 시조는 하룻밤에 100편도 쓰겠다고 큰소리를 쳐 놓고 밤새도록 끙끙거리며 시조 한 편을 썼는데 그게 '할미꽃'이라는 시조입니다.

할미꽃

이른 봄 양지 밭에 나물 캐던 울 어머니
곱다시 다듬어도 검은머리 희시더니
이제는 한줌의 귀토(歸土) 서러움도 잠드시고.

이 봄 다 가도록 기다림에 지친 삶을
삼삼히 눈 감으면 떠오르는 임의 양자(樣子)
그 모정 잊었던 날의 아, 허리 굽은 꽃이여.

하늘 아래 손을 모아 씨앗처럼 받은 가난
긴긴 날 배고픈들 그게 무슨 죄입니까
적막산(寂寞山) 돌아온 봄을 고개 숙인 할미꽃.

'사족(蛇足)'에 대한 변명

나는 본시 천하 게으름뱅이였다. 예닐곱 살 때 서당에 보내졌으나 개울가에서 소금쟁이와 노느라고 하루해가 짧았고, 철이 조금 들어 절간의 소 머슴이 되었으나 소가 남의 밭에 들어가 일 년 농사를 다 망쳐 놓건 말건 숲 속의 너럭바위에 벌렁 누워 콧구멍이 누긋누긋하게 잠자는 것이 일이었다.

그랬으니 한 절에 오래 붙어 있지를 못했다. 이 절에서 쫓겨나면 저 절로 갔고, 거기서 쫓겨나면 또 다른 절을 찾아 나섰는데, 어느 사이 절집 안에서 '그놈은 천하의 게으름뱅이'라는 사발통문이 돌아 결국 소 머슴살이를 할 절도 없게 되었다.

그토록 게을러빠진 놈이 어떻게 중이 되었는지 그것은 나도 모르겠다. 좌우지간 그런 놈이 중이 되었으니 강당이나 선방의 명사를 찾아가 공부를 해야겠다는 발심이 일어날 리가 만무했다. 어느 때는 산에 살고 있는 자신이 우스워 시중에 나가 잡배들과 어울렸고, 어느 때는 잡배가 된 자신을 보고 놀라 백운유수(白雲流水)에 발을 담그고 '일 없이 한가한 사람[無事大閑人]' 흉내를 내기도 하였다.

돌이켜보면 사내로 태어나 평생을 그렇게 허송했으니 중이라고 할 수도 없다. 오늘 망북촌의 영마루에 올라 내가 나를 바라보니 어느덧 몸은 뉘엿뉘엿한 해가 되었고, 생각은 구부러진 등골뼈로 다 드러나고 말았다.

생각하면 조금은 슬프다. 누구는 약관에 '앉아서 천하 사람의 혀끝을 끊어 버렸다[坐斷天下人舌頭]'고 하는데 장발을 지닌 덕에 산수간에서 공양까지 받고도 불은(佛恩)에 답하지 못했으니 남은 것은 백랑도천(白浪滔天)의 비탄뿐이다. 그러나 이제는 비탄으로 살 인생도 세월도 내게는 없다. 남은 일은 그저 죽는 것이나 기다릴 뿐이다.

이렇게 죽을 일만 남은 사람이 '종문 최고의 선서'로 일컫는《벽암록(碧巖錄)》에 무슨 달아야 할 사족이 있다고 사족을 달다니, 참으로 말도 안 되는 수작이다. 죽으려면 곱게 죽지, 죽을 일을 저지르다니 이 술지게미나 먹고 취하는 당주조한(噇酒糟漢-술지게미를 먹는 사람. 순수한 진리를 깨닫지 못한 사람을 욕하는 말 : 편집자 주) 같은 놈! 백주에 장형(杖刑)을 당해도 할 말이 없다.

이 글을 끝까지 읽는 독자는 알게 될 것이지만 나의 사족은 그야말로 아무 짝에도 쓸데없는 '사족'에 불과하다.

이제 붓을 놓으며 이런저런 변명으로 부질없이 저지른 허물의 꼬리를 감추려고 하나 아무래도 자기 꾀에 자취를 남기는 영구예미(靈龜曳尾-거북이가 진흙에서 꼬리를 끄는 형상 : 편집자 주)의 신세를 면하기 어려울 것 같다. 차라리 눈 밝은 거북이 사냥꾼에게 내 목숨을 내놓는 바이다.

날마다 좋은 날

운문 화상이 어느 날 소참법문 때 대중에게 일렀다.

"보름 전의 일에 대해서는 그대들에게 묻지 않겠다. 보름 이후의 일에 대해 한마디 일러 보라."

대중들이 말이 없자 화상은 스스로 대답했다.

"날마다 좋은 날이로다."

사족 — '지금, 여기'를 산다

"과거는 모두가 아름답다."는 말이 있다. 가난해서 나무껍질을 벗겨 먹던 때도 돌아보면 그리운 추억이 된다. 잃어버린 첫사랑의 꿈은 또 얼마나 달콤한가. 행복했으면 행복한 대로, 슬프면 슬픈 대로 과거는 모두가 아름답다. 그러나 과거가 아무리 달콤하고 아름답다 하더라도 그것은 이미 지나가 버린 것이다. 그야말로 추억일 뿐이다.

이에 비해 미래는 언제나 불안하다. 아직 다가오지 않은 시간은 과거처럼 분명한 것이 아니기 때문이다. 물론 낙관도 할 수 있다. 우리가 무엇인가 열심히 하고 있다는 것은 미래에는 그것이 성취될 것이라는 기대 때문이다. 그러나 심리적 근저는 역시 불안이다. 아무리 화려해도 알 수 없는 것이 미래인 까닭이다.

운문(雲門) 화상은 사람들이 과거에 집착하는 것을 쓸데없는 짓이라고 말한다. 그리고 미래에 대해 묻는다. 그러나 사실은 미래에 대해 환상을 갖는 것도 쓸데없는 일이다. 그러면 운문 화상은 도대체 무엇을 말하고자 하는가.

날마다 좋은 날[日日是好日]이어야 한다는 것이다. 즉 미래가 됐든 과거가 됐든 정말로 좋은 날이 되자면 오늘 하루하루가 좋은 날이어야 한다는 것이다. 과거와 현재와 미래는 두 부모처럼 떨어져 있는 별개의 것이 아니다. 시간의 연속선상에 놓여 있다. 과거는 현재가 있기 때문에 과거이고, 미래는 현재가 있음으로써 미래다. 모두가 한 끈에 연결돼 있다. 이 한 끈으로 연결돼 있는 시간 위에서 살아가는 우리가 가장 충실해야 할 자리는 바로 '지금, 여기'다. 하루하루를 충만하게 살아가다 보면 과거는 더욱 아름다워지고 미래는 더욱 화려한 꿈이 실현되어진다.

좋은 날이란 따로 있는 것이 아니다. 생각하기에 따라서는 날마다 나쁜 날이 될 수도 있다. 생각해 보면 하루를 살아가는 데 재수 없고 기분 나쁜 일이 얼마나 많은가. 그때마다 오늘은 재수 없는 날이라고 한다면 과거도 미래도 재수 없는 날로 채워질 것이 뻔하다. 조금 기분이 나쁘거나 좋지 않은 일이 생겨도 너그럽고 낙관적으로 생각하면 살기가 훨씬 부드러워질 것이다. 반 잔 남은 포도주를 보고 벌써 반이나 없어졌다고 걱정하기보다는 아직 반이나 남았다고 생각한다면 인생은 날마다 좋은 날이 되지 않을 수 없다.

풀이 무성하고 안개가 자욱해도 오늘도 참 좋은 날이다.

톡톡 탁탁

어떤 수행자가 경청(鏡淸) 화상에게 물었다.

"저는 껍질을 깨고 나가려는 병아리와 같으니 부디 화상께서는 밖에서 껍질을 깨뜨려 주십시오."

"그렇게 하면 살아날 수 있겠는가?"

"제가 만약 살아나지 못하면 스님은 사람들의 비웃음을 살 것입니다."

그러자 화상이 그를 질책했다.

"역시 멍청한 놈이로구나."

사족 — 아이들 공부도 탁탁해야 톡톡이다

줄탁(啐啄)은 병아리가 껍질을 깨고 나올 때의 모습이다. 병아리가 바깥으로 나오고자 하면 먼저 안에서 톡톡 쪼아야 한다. 그러면 어미닭이 때를 알고 밖에서 탁탁 쪼아서 마침내 껍질을 깨뜨린다.

병아리가 부화하는 모습은 수행자가 깨달음을 완성해 가는 것과 같다. 수행자가 내부에서 치열한 자기수련을 할 때 스승이 밖에서 도움을 줄 수 있다. 선가에서는 이를 '줄탁동시(啐啄同時)'라 한다. 공부란 이렇게 안과 바깥이 조응(照應)해야 한다. 학생이 공부를 하고자 하는 마음이 없으면 스승은 학생을 계발할 수 없다. 만약 스승이 학생을 계발하지 못했다면 자격이 없다고 비웃음을 살지도 모른다. 그러나 책임은 역시 병아리 쪽이 더 크다. 병아리는 껍질을 깨뜨리지 않으면 그 속에서 목숨을 잃게 되기 때문이다. 스스로 깨어나지 않으면서 스승을 탓하려 하는 것은 '멍청한 놈'이다. 누구 때문에 공부하는가? 부모 때문에 하는가, 스승 때문에 하는가? 자기 좋으라고 하는 것이다. 이것을 알아야 한다.

감당할 능력은 생각하지 않고 과외다 뭐다 해서 무조건 학원으로만 자식들을 내모는 부모들이 한 가지 알아야 할 것이 있다. 아이들에게 공부하려는 동기를 부여해 주는 것이 중요하다. 이것이 '탁탁'이다. 그래도 '톡톡' 하지 않으면 어떻게 해야 하는가. 그때는…….

달마 대사가
서쪽에서 온 까닭은

용아(龍牙)가 아직 납자일 때 취미(翠微) 화상에게 물었다.

"달마 대사가 서쪽에서 온 뜻이 무엇입니까?"

"나에게 선판을 가지고 오게. 그러면 일러주리라."

용아가 선판을 가져오자 취미 화상이 그것을 받은 즉시 내려쳤다. 용아가 지지 않고 대꾸했다.

"내려치는 것은 마음대로 하십시오. 그러나 거기에 조사가 오신 뜻은 없습니다."

용아는 다시 임제(臨濟) 화상에게 찾아가 조사가 서쪽에서 온 뜻을 물었다.

"나에게 포단을 가지고 오게. 그러면 일러주리라."

용아가 포단을 가져오자 임제 화상은 그것을 받은 즉시 내려쳤다. 용아가 지지 않고 대꾸했다.

"내려치는 것은 마음대로 하십시오. 그러나 거기에 조사가 오신 뜻은 없습니다."

사족 — 이런 아이라야 당당해진다

교육 방법 가운데 가장 재미없고 멋대가리 없는 것이 주입식 교육이다. 스승이나 선배는 제자나 후학들에게 자기가 아는 지식을 설명하고는 무조건 믿고 따르라고 강요한다. 제자가 하는 일이란 그저 스승이 하는 말을 외우고 그렇다고 믿는 것이 고작이다. 닭이 왜 알을 품는지를 설명하면 그렇구나 하고 믿어야 한다. 정말 그런지, 그렇다면 왜 그런지를 의심하면 버릇없는 학생이 된다. 도무지 자기 의견을 창의적으로 말할 기회가 주어지지 않는다. 이런 식의 교육은 스승의 복제품을 만드는 것이지 스승을 능가하는 사람을 만들지 못한다. 이 무슨 덜 떨어진 고집불통인가.

가장 좋은 방법은 토론을 통해서 스스로 무엇이 옳고 그른지를 깨닫도록 하는 것이다. 아무리 스승의 말이라도 일단 한번 의심하고 의견을 제시해 보는 데서 공부는 진척이 이루어진다. 서로간의 의견을 솔직하게 개진하고 문제를 해결해 가는 세미나 같은 방식을 왜 교육현장에서 외면하는지 모르겠다.

이와 관련하여 선생님들이 꼭 한 가지 유념해 둘 일은 학생들에게 자꾸 발표할 기회를 주도록 해야 한다는 것이다. 공부 시간 내내 '꿀 먹은 벙어리'처럼 입을 다물고 눈동자만 데굴데굴 굴리는 학생을 착하고 좋은 학생이라고 생각하면 안 된다. 얼토당토않은 질문을 던지는 학생이야말로 진짜 '학생'이다. 에디슨처럼 달걀을 품고 병아리를 까겠다고 하는 엉뚱함에서 창의력이 생긴다.

학교교육은 그렇다 치고 가정에서조차 아이들이 자기 의견을 제대로 말하지 못하게 하는 것은 정말로 재고할 필요가 있다. 아이들이 꼬박꼬박 말대꾸한다고 미리부터 입을 막을 것이 아니라 할 말을 하게 하고 옳고 그른 것을 따져서 스스로 깨우치도록 하는 것이 중요하다. 이런 아이라야 밖에 나가서 당당해진다. 자기 인생을 자기가 결정하고 책임도 질 줄 안다. 좀 당당하게 키워 볼 일이다.

자기 의견을 말하다가 선판으로 얻어맞고, 포단으로 얻어맞아도 오히려 굴하지 않는 용아거둔(龍牙居遁)의 용기는 옳고 그른 것을 떠나 그 당당한 면모가 마음에 든다. 이런 패기가 있었기 때문에 그는 뒷날 임제의 적손이 될 수 있었다.

대웅봉에 홀로 앉아

한 남자가 백장(百丈) 화상을 찾아와 물었다.
"어떤 것이 기특한 일입니까?"
"대웅봉에 홀로 앉는 것이니라."
남자가 이 말을 듣고 예배를 했다. 그러나 백장 화상은 그를 후려갈겼다.

사족 — 기특한 건 평범한 것들이다

'기특사(奇特事)'란 특별하고 진기한 것, 또는 훌륭한 일이라는 뜻이다. 그러니까 지금 백장을 찾아온 남자는 "깨달음을 얻으면 뭐 특별하게 좋은 것이라도 있습니까?"라고 묻고 있는 것이다. 이에 대한 백장의 대답은 "특별할 것이 없다. 나는 그저 여전히 혼자 대웅봉에 앉아 있는 것뿐이다."라는 것이었다. 대웅봉이란 백장산의 주봉을 말한다.

가만히 생각해 보면 이 답이 참 명답이다. 사람들은 도를 깨달으면 하늘을 날고 땅으로 숨는 기문둔갑이라도 하는 줄 아는 모양이나 그런 일이란 꿈에도 없다. 도를 깨달은 사람도 밥 먹고 잠자고, 못 깨달은 사람도 밥 먹고 잠잔다. 그렇다면 뭣 하러 도를 깨닫겠다고 그 난리들인가. 도를 깨닫는다고 밥을 안 먹고 살 수 있는 것도 아니고, 숨을 안 쉬고 살 수 있는 것도 아니라면 다 쓸데없는 짓 아닌가. 하긴 그렇다.

하지만 이걸 알아야 한다. 보통 사람은 혼자 대웅봉에 앉혀 놓으면 한 시간이 못 돼서 온몸을 비틀고 좀이 쑤셔 견디지 못한다. 마음속으로 헐떡거리는 것이 많고, 몸으로 해야 할 일이 많은데 어떻게 혼자 앉아 있을 수 있겠는가. 그는 너무 바쁘다. 무엇인가 해야 한다. 무엇인가를 하다가 상처받고 피 흘리고 고통스러워한다. 그러나 혼자 앉아 있을 수 있는 사람은 그런 피곤한 삶이 없다. 아무리 바빠도 넓은 바짓가랑이만큼이나 넉넉하고 한가하다. 이 얼마나 '기특한 일'인가.

따지고 보면 세상은 참으로 '기특한 일'로 가득 차 있다. 사람이 두 발로 걷는 것도 그렇고, 새가 하늘을 나는 것도, 짐승이 네발로 기는 것도 여간 기특한 일이 아니다. 꽃이 피는 것도, 나무가 대지에 뿌리를 내리고 자라는 것도 참으로 기특한 일이다. 그러나 사람들은 이런 것에서 '기특함'을 보지 못한다. 도리어 까만 머리에 노랑물을 염색하거나 멀쩡한 청바지를 찢어서 입는 '이상한 짓'을 기특하게 생각한다. 세상 사람들의 문제는 이렇게 기특하지 않은 것을 기특하게 생각하고, 참으로 기특한 것을 기특하지 않다고 여기는 데 있다. 온갖 시비와 쟁투와 비극이 일어나는 원인도 여기에 있다.

그러면 예배를 한 남자가 두드려 맞은 것은 무슨 까닭인가. "아, 그렇습니까. 참 고맙습니다." 하고 아는 척한 것이 죄다. 아는 척하고 마음을 움직인 그 죄는 아예 모르는 것보다 더 크다. 세상이 시끄러운 것은 아는 것 많고, 잘난 척하는 사람들 때문이다. 밭 갈고 베 짜는 사람들이 세상 시끄럽게 하는 것을 본 일이 있는가.

잘난 척하는 놈들은 맞아도 싸다.

아직도 설법하지 않은 것

　남전(南泉) 화상이 백장산의 열반(涅槃) 화상을 찾아가자 열반 화상이 물었다.
　"예로부터 많은 성인이 사람들을 위해 설법하지 않은 것이 있습니까?"
　"있지."
　"어떤 것이 사람들을 위해 설법하지 않은 것입니까?"
　"마음도 아니요 부처도 아니요, 그렇다고 한 물건도 아니지."
　"그거야 다 말한 것 아닙니까?"
　"나는 그렇네만 자네는 어떠한가?"
　"저 또한 큰 선지식은 아닙니다. 성인들도 못한 말을 말할 수 있겠습니까?"
　"나는 잘 모르겠네."
　"제가 너무 자세히 설명했나 봅니다."

사족 - 말하지 않아도 사랑을 눈치 채다

여기에 나오는 백장(百丈)은 '백장청규(百丈淸規-중국 선원의 규칙을 서술한 원나라 때의 불서 : 편집자 주)'를 제정한 백장 회해(百丈懷海)가 아니라 그의 제자인 백장 유정이다. 그는 자주 《열반경》을 애독한 탓에 열반 화상이란 별명으로 불리기도 했다. 그를 찾아온 남전 보원(普願)은 백장 회해와 함께 마조 도일(馬祖道一) 밑에서 동문수학한 사이다. 절집의 촌수로 말하면 사숙뻘이 되는 셈이다.

남전 화상이 찾아왔을 무렵은 열반 화상이 이미 백장산의 2세 방장이 되어 있을 때였다. 방장쯤 되면 손님을 접대하는 방법이 남다를 수밖에 없다. 특히 상대가 종문의 어른이고 보면 무엇인가 기억에 남을 법거량(法擧揚)을 하는 것이 제대로 된 손님 접대 방법이다. 그래서 물은 것이 "역대 조사들도 사람을 위해 설명하지 못한 것이 아직 있는가?" 하는 것이었다. 이에 대해 남전 화상은 거장답게 "그건 마음도 부처도 물건도 아니지."라는 대답을 하고 있다. 이는 그동안 진리를 마음이요 부처요 또는 한 물건이라고 말해 온 역대 조사의 가르침을 일거에 뒤엎는 발언이다.

여기서 생각해 볼 것은 남전 화상의 의도다. 그는 왜 기존의 가치를 일거에 뒤집어엎었는가. 노망이라도 들었는가. 그렇지는 않을 것이다. 그러면 무엇 때문인가.

마음이나 부처나 물건은 바로 궁극적 진리를 뜻하는 말이다. 그러나 진리가 이런 이름이나 말 속에 들어 있는 것은 아니다. 비유하자면 원숭이가 물속에 비친 달을 떠내려고 두 손을 담그는 순간 달이 사라지는 것과 같다. 원숭이가 떠 올리려 했던 것은 달도 아니고 물에 비친 달그림자에 불과하다. 그 달을 손으로 떠 올리겠다는 발상부터가 잘못된 것이다.

막스 뮐러가 쓴 《독일인의 사랑》이란 소설이 있다. 젊은 시절 한 번쯤 읽었을 이 책에는 끝내 '사랑한다'는 말이 보이지 않는다. 이 책을 읽다 보면 진정한 사랑과 그리움은 가슴속에 있는 것이지 말 속에 있는 것이 아니라는 사실을 깨닫게 된다. 사랑한다는 말은 아무리 달콤해도 입 밖으로 나오는 순간 그만큼 진실성이 훼손된다. 안타까운 것은 사람들이 말하지 않아도 사랑을 눈치 채는 안목이 없는 것이다.

코를 잡아 비틀면 자연히 입이 벌어지게 돼 있는데, 아무래도 지나치게 설명을 많이 하는 것 같다.

아니지 아니야

　마곡(麻谷)이 아직 납자였을 때 장경(章敬) 화상을 찾아가 선상 주위를 세 번 돌고 석장을 한 번 내려친 후 우뚝 섰다. 그러자 화상은 이렇게 말했다.
　"옳구나 옳아!" (나중에 설두(雪竇)는 "틀렸다."고 촌평했다.)
　마곡은 다시 남전 화상을 찾아가 똑같이 선상을 세 번 돌고 석장을 한 번 내려친 후 우뚝 섰다. 그러자 화상은 이렇게 말했다.
　"아니지 아니야!" (나중에 설두는 또 "틀렸다."고 촌평했다.)
　그러자 마곡이 말했다.
　"장경 화상은 옳다고 했는데 어째서 화상은 아니라고 하는지요?"
　"장경 화상은 옳지만 너의 행동은 틀린 것이다. 그렇게 바람의 힘으로 돌아가다가는 결국 파멸로 끝날 뿐이다."

사족 — 남의 눈치나 보면서 살아서야

확실히 그렇다. 똑같은 행동을 했는데 어떤 때는 마음이 편하고 어떤 때는 그렇지 못한 경우가 있다. 자동차를 운전할 때 규정 속도에 맞춰 천천히 가면 옳다고 하는 사람이 있는가 하면 늦게 간다고 경적을 울리면서 빨리 가라고 야단인 사람이 있다. 이때 운전자는 경적을 빵빵 울리는 사람한테 마음을 뺏겨 자기도 모르는 사이에 속도를 내게 된다. 상황에 대처하는 확실한 주관이 없기 때문이다. 사람이 줏대가 있어야지 이렇게 남의 눈치나 보며 살아서야 어디에다 써먹겠는가.

누가 잘했다고 칭찬하거나 잘못했다고 꾸짖었다고 거기에 마음을 빼앗기다 보면 언제까지나 남의 장단에 춤을 추게 된다. 남이 뭐라고 하든 내가 하는 일이 옳다면, 그리고 반드시 내가 해야 할 일이라면 조건이나 환경에 마음을 빼앗기지 말고 자기 일을 할 줄 알아야 한다. 그래야 주관이 뚜렷하고 주체적인 삶을 살 수 있게 된다. 주인공이 갈피를 잡지 못하고 이리 흔들 저리 흔들 하다 보면 될 일도 안 된다.

주인공으로 살면 기왓장에서도 광채를 내지만 노예로 살다 보면 진짜 금을 가지고도 빛을 잃게 된다. 정말로 그렇다. 명심할 일이다.

임제가 한 대 때리다

정 상좌가 어느 날 임제 화상에게 물었다.

"어떤 것이 불법의 가장 요긴한 뜻입니까?"

임제 화상은 대답 대신 선상에서 내려와 멱살을 잡고 뺨을 한 대 때린 후 확 떠밀어 버렸다. 정 상좌가 멍하니 서 있자 옆에 있던 사람이 말했다.

"왜 예배하지 않는가?"

정 상좌는 이 말을 듣고 예배하려다가 홀연히 깨달았다.

사족 — 사랑의 회초리는 필요한가

폭력마저 미화되는 곳은 선의 세계밖에 없다. 선에서 난무하는 폭력은 어디까지나 그 속성이 자비에 있다. 상대를 일깨우기 위한 적절한 수단으로서의 폭력은 이미 폭력이 아니라 자비로운 교육적 수단이다. 선사들은 툭하면 몽둥이질이고 꽥 고함을 지르거나 뺨을 때리거나 선판과 포단을 집어던진다. 그것은 살인도로서의 폭력이 아니라 활인검으로서의 폭력이다.

예를 들면 이렇다. 옛날 중국의 황하가 용문이라는 곳에서 동쪽으로 흐르려 하자 대화산이라는 큰 산이 솟아 있어 흐를 수가 없었다. 그래서 큰 비라도 내리면 강물이 범람해 피해가 자주 일어났다. 이것을 본 거령신은 엄청난 힘으로 대화산을 찢어서 화산과 수양산으로 갈라놓았다. 그러자 강물은 두 산 사이로 흘러 다음부터는 수해가 없어졌다. 이때 거령신이 손을 들어 대화산을 찢어 놓은 것은 폭력이 아니라 자비의 발로다. 선의 폭력은 바로 이와 같은 작용을 한다. 임제가 정 상좌의 칠통(漆桶-선원에서 진리를 깨달은 지혜의 눈이 없는 사람을 꾸짖는 말 : 편집자 주)을 깨부수기 위해 휘둘렀던 폭력이 여기에 해당한다.

세상에도 경우에 따라서는 정의를 위한 폭력이 인정된다. 독재를 물리치기 위한 민중의 시위, 폭력을 이기기 위한 대항적 폭력은 그 폭력성에도 불구하고 정당화된다. 하지만 여기에는 문제가 있다. 아무리 정의를 위한 폭력이라 하더라도 거기에 폭력 본래의 분노적 속성이 잠재돼 있다면 그런 폭력은 부정될 수밖에 없다. 분노와 미움을 가져오는 폭력은 어디까지나 폭력이지 자비가 아니다.

가끔 교육에서는 '사랑의 회초리'에 대한 논란이 심심치 않게 일어난다. 그러나 이 문제는 공리적으로 따질 일이 아니다. 미움을 수반한 매는 아무리 미화해도 비교육적이다. 정말로 상대를 일깨우기 위한 자비가 아니면 어떤 폭력도 용인해서는 안 된다. 거령신처럼 대화산을 쩍 갈라놓을 자비심이 아니고서는 교육적 방편이란 이름의 폭력은 맞는 사람에게 상처만 줄 뿐이다.

꽃으로 울타리 삼아

어떤 납자가 운문 화상에게 물었다.
"청정법신이란 무엇입니까?"
"꽃으로 장엄한 울타리니라."
"그렇게만 알고 있으면 되겠습니까?"
이에 화상은 이렇게 답했다.
"황금색 털을 가진 사자니라."

사족 — 살림살이란 가꾸기 나름

화약란(花藥蘭)이 정확히 무엇을 의미하는 것인지는 이설이 분분하다. '모란과 작약을 심어 놓고 대나무로 울타리를 친 것'이라는 설명도 있고 '변소를 둘러쳐 막은 꽃울타리'란 설명도 있다. 이 중에서 마음에 드는 것은 변소를 둘러친 꽃울타리라는 해석이다.

　변소가 무엇 하는 곳인가. 인간의 온갖 지저분한 배설물을 받아내는 곳이다. 사람들은 그곳을 애써 피하려고 한다. 그러나 좋은 음식을 먹고도 배설하지 못하면 그것처럼 큰 고통도 없다. 변소는 지저분한 곳이지만 없어서는 안 될 곳이다. 이 변소를 좀 더 멋있게 꾸며 놓을 수는 없을까. 그래서 옛사람들은 여기에 예쁜 꽃을 심고 울타리를 쳐 놓았던 모양이다. 뛰어난 발상이 아닐 수 없다.

　도시 생활은 거실 옆에 화장실이 붙어 있어서 작약이나 모란을 심을 처지가 못 된다. 그러나 화장실 구석에 꽃 한 송이를 꽂아 놓으면 어떨까. 백수의 왕 황금빛 사자 같은 청정법신불이 들어가 큰일을 보는데 꽃 한 송이가 소박하게 향기를 뿌리며 꽂혀 있다면 꽤 괜찮은 그림이 아닌가.

　사람의 살림살이란 이렇게 가꾸기 나름이다. 다만 지나치게 가꾸는 것은 흠이 된다. 몇 만 원짜리 변기에 앉아 몇 천만 원짜리 그림을 보며 볼일을 본다면 그는 변비에 걸릴지도 모른다. 그런 사람은 황금빛 사자가 아니라 허영과 사치에 빠진 돼지일 뿐이다.

날이 밝으면 오게

조주(趙州)가 투자(投子) 화상을 찾아가 물었다.
"크게 한 번 죽은 사람이 다시 살아난다면 어떻게 하겠습니까?"
화상은 이렇게 대답했다.
"밤에 다니지 말고 날이 밝으면 다시 오게."

사족 — 까짓 기름장수면 어떤가

앞의 본칙은 조주가 투자 화상을 찾아갔을 때의 일화다. 두 사람은 그때까지 일면식도 없었는데 조주가 투자산으로 가는 길에서 한 노승을 만나니 그가 투자였다.
"혹시 투자 화상이 아니신지?"
"나는 지금 장에 기름 팔러 가는데 사겠소?"

투자는 퉁명스레 한마디 하고 그냥 길을 갔다. 조주는 혼자 투자산의 암자로 가서 그를 기다렸다. 투자는 기름을 짜서 생활하는 검소한 수행자였다. 한참을 기다리니 장에 갔던 투자가 돌아왔다.

"사람들이 투자, 투자, 하기에 대단한 줄 알았더니 하찮은 기름장수에 불과하구먼."

"그대는 기름단지에 정신이 팔려 나를 못 보았구먼."

"그럼 투자의 진면목을 보여 주시오."

"이게 기름이다. 기름 사려는가?"

본칙에 나오는 '크게 한 번 죽은 사람'은 그 다음에 던진 조주의 질문이다. 두 사람의 문답을 보고 있으면 그야말로 불꽃이 튀는 것 같다. 한 마디 한 마디가 심장을 향해 파고드는 비수처럼 날카롭다.

우리는 매양 겉모양에 매달려 사람의 진면목을 못 보는 수가 많다. 기름장수면 어떻고 거지면 어떤가. 대자유와 해탈을 얻은 사람은 무엇에도 걸리지 않는 삶을 산다. 그러나 돈과 명예, 권력을 많이 가진 사람은 그 속박에서 벗어나지 못한다. 거미가 스스로 쳐 놓은 거미줄에서 못 벗어나는 것처럼.

'크게 한 번 죽은 사람'이란 이 같은 거미줄에서 벗어난 사람이란 뜻이다. 일체의 시비와 번뇌를 밑바닥까지 철저히 죽여 없앤 사람이 대사저인(大死底人)이다. 그가 되살아났다는 것은 다시 시비가 일어났다는 뜻이 아니고 깨달은 사람의 책무인 교화활동을 할 것인가 하는 것이다.

어떻게 교화활동을 하느냐고? 시비와 대립이 무성하고 탐욕과 갈등이 교차하는 어두운 밤길에 돌아다니지 말고 밝은 날 돌아다니는 것이 좋다. 운전도 야간 운전이 더 힘들고 산행도 야간 산행이 더 위험하니까.

있는 그대로 말하기는 어렵다

경청 화상이 어떤 수행자에게 물었다.
"문밖에서 들리는 소리가 무슨 소리인가?"
"빗방울 소리입니다."
"중생이 전도되어 바깥의 물건(빗소리)만 쫓아다니는구나."
"그러면 화상께서는 무어라 하시겠습니까?"
"자칫하면 나도 미혹할 뻔했구나."
"자칫하면 미혹할 뻔하다니 무슨 뜻입니까?"
"속박에서 벗어나기는 도리어 쉬우나 있는 그대로 말하기는 어려우니라."

송(頌)
빈집에 들리는 빗방울 소리는
선지식도 대답하기가 어렵다네.

만약 그 소리에 들어갔다고 한다면

그전처럼 모르는 것이 되고 말리라.

아는가 모르는가

앞뒤 산에 세찬 비가 쏟아지는 것을.

사족 — 체면이란 빗방울 같은 것

사람들이 사는 것을 보면 완전히 주객이 전도돼 있다. 자기는 어디다 팽개쳐 버리고 남의 눈치나 살피고 산다. 추우면 한여름에도 두꺼운 옷을 입고, 더우면 한겨울에도 얇은 옷을 입어야 하련만 겨울에는 무조건 두꺼운 옷, 여름에는 무조건 얇은 옷이 아니면 안 된다고 생각한다. 남의 눈치를 보기 때문이다.

짧은 치마가 유행할 때면 모든 여자들이 다 짧은 치마다. 단추가 세 개 달린 옷이 유행하면 대통령도 그런 옷을 입는다. 유행이란 이렇게 남이 하니까 나도 좇아가야 한다는 타율적 요구의 소산이다. 그러나 이렇게 살다 보면 늘 고생만 한다. 지난여름 백담사를 찾아온 어떤 사람은 여름이라고 배를 내놓고 자다가 배탈이 났다. 산사의 밤공기를 생각지 못한 소치다.

직업도 그렇다. 꼭 넥타이만 매고 연필을 굴려야 좋은 직업이 아니다. 모두가 연예인이 돼야 하는 것도 아니다. 자기 적성에 맞는 일,

하면 반드시 성과를 거둘 수 있는 일이 좋은 직업이다. 너무 체면 따지지 말고 하고 싶은 일을 하며 사는 것이 좋다.

세상의 체면이란 기실 빈집에 떨어지는 빗방울 소리 같은 것이다.

천 날 벼슬을 해도

왕 태부가 초경사에 갔더니 차를 달이고 있었다. 이때 낭 상좌가 명초 화상에게 차 냄비의 손잡이를 잡고 차를 따르려 하다가 냄비를 뒤집어 버렸다. 이를 보고 태부가 낭 상좌에게 물었다.

"차 끓이는 화로 밑에 무엇이 있소?"

"화로를 받드는 봉로신이 있지요."

"봉로신이 왜 차 냄비를 엎어 버렸소?"

"천 날 동안 벼슬살이를 잘해도 한 번 실수로 쫓겨나는 것 같지요."

이 말에 태부는 소매를 떨치고 나와 버렸다. 이를 본 명초 화상이 말했다.

"자네는 초경사 밥을 얻어먹으면서도 도리어 강 건너편에 가서 시끄럽게 하는가?"

"그럼 스님은 어떻게 했겠습니까?"

"사람도 아닌 것한테 당했구나."

(뒷날 설두는 이에 대해 "그때 아예 화로를 엎어 버렸어야지!"라고 촌평했다.)

사족 — 실수는 누구나 할 수 있다

대체로 사람들은 남의 실수에 대해 너그럽지 못하다. 자기가 잘못하면 어떻게 하든지 변명하려고 하지만 남이 잘못하면 턱 끝에 송곳을 들이대고 못살게 구는 못된 버릇들이 있다. 이렇게 농담을 하다가 의가 상한 사람이 한둘이 아니다.

태부는 천자를 돕는 삼공의 하나로 높은 관직에 있는 사람이다. 그 앞에서 화로에 차 냄비를 쏟았으니 대단한 실례를 범한 셈이다. 하지만 이런 실수는 언제나 있을 수 있다. 평생 밥을 하는 아낙네도 부엌에서 그릇 깨는 일이 어디 한두 번인가. 문제는 그다음이다. 자기의 실수는 인정하지 않고 벼슬아치 앞에서, "평생 일을 잘해도 실수 한 번 하면 쫓겨나는 것 같다."고 하다니 너무 뻔뻔하지 않은가. 이런 모욕을 당하면 소매를 걷어붙이고 나가는 것이 옳다. 점잖은 처지에 멱살을 움켜잡고 싸울 일이 아니다.

상대에 대한 실수나 무례한 언사는 그 즉시 사과하는 것이 좋다. 괜스레 변명하려고 하거나 반전시키려 하다가 일을 그르치는 것은 바람직한 처신이 아니다. 그리고 남의 실수를 너그럽게 보아 주지 못하고 너무 질책하는 것도 대인다운 풍모는 아니다.

실수는 늘 할 수 있다. 그러나 그다음에 어떻게 하느냐는 그의 인품과 교양을 말해 준다. 실수를 두려워하지 말고 그다음에 어떻게 할지를 두려워해야 한다.

화살 한 개로
세 개의 관문을 통과하다

거양이라는 선객(禪客)이 흠산(欽山) 화상에게 물었다.

"화살 한 개로 세 개의 관문을 통과했을 때는 어떠합니까?"

"그 관문 속의 주인을 꺼내 놔 보아라. 구경 좀 하자."

"잘못을 알았으니 반드시 고치겠습니다."

"어느 때를 기다려야 하는가?"

"화살은 잘 쏘셨는데 맞추지 못했습니다."

선객은 이 말을 하고 나가려고 했다. 이에 흠산이 그를 불렀다.

"잠깐만. 양 수좌!"

그가 돌아보자 흠산 화상은 그의 멱살을 움켜쥐고 말했다.

"한 개의 화살로 세 개의 관문을 통과하는 것은 그만두고 흠산에게 화살을 쏘아 보라."

거양이 말을 할 듯 말 듯 망설이자 화상은 그에게 일곱 방망이를 치면서 말했다.

"너는 한 삼십 년쯤 공부해야 알 것이다."

사족 — 내가 한 게 과연 옳은 건가 그른 건가

관문이란 원래 국경의 검문소를 뜻하는 말이다. 밖으로 나가거나 들어올 때 이 문에서 검문을 받고 통과해야 통행이 가능하다. 선(禪)에서는 '조사관문'이란 말을 자주 쓰는데 이는 조사가 수행자들의 공부를 점검하여 통과와 불가를 결정하기 때문이다. 현관이란 말도 같은 뜻이다.

조사의 관문은 험준하고 까다로워서 한 개의 문을 통과하면 또 하나의 문이 있고, 그 문을 통과해도 또 하나의 문이 기다리고 있다. 마치 대학을 졸업하고 사법고시를 보고 검사가 되었다 하더라도 매일같이 생기는 수많은 사건 앞에 다시 머리를 싸매고 다시 시험을 보아야 하는 것과 같다. 이때 일반적으로 검사나 법관들은 자기의 직책과 권위에 의지해 형을 청구하고 판결한다. 그러나 이때의 판단이 정말로 옳은 것인지는 더 고민해 보아야 한다. 아무리 객관적이고 원칙적인 판단을 했다고 하더라도 이면에 숨어 있는 사연은 법의 잣대로만 재단할 수 없는 것이 있기 때문이다.

법관의 경우만이 아니다. 인생사에서 매순간마다 결정하고 판단한 것이 과연 옳은 것인지 틀린 것인지는 시간이 지나고 결과가 드러나 보아야 알 수 있는 일이 수없이 많다.

  눈을 보호하려니 귀를 멀게 할 수 있고, 귀를 지키자니 두 눈이 상할 수도 있다. 그렇다면 무엇이 진실이고 어떤 것이 최선인가. 여기서 그것을 답할 수는 없다. 다만 매순간 진실을 위해 최선을 다했는지 물을 때 부끄러움이 있다면 그는 한 삼십 년은 공부를 더 해야 할 것이다.

'뭐라고 할지 모르겠다'

납자가 조주 화상에게 거듭 물었다.

"(스님도) '지극한 도는 어려울 것이 없다. 오직 간택을 그만두면 된다.'고 말씀하시는데, 요즘 사람들은 여기에 너무 집착하는 것이 아닌지요?"

화상은 이렇게 답했다.

"전에도 어떤 사람이 같은 질문을 했는데 5년이 지났어도 잘 모르겠구나."

사족 — 남성 중심의 사회에 도전하라

세계적인 여성운동가 보브와르 여사는 이런 말을 한 적이 있다.

"여성은 태어나는 것이 아니라 만들어지는 것이다."

참으로 옳은 말이다. 이른바 '여성적'이란 것이 무엇인가. 남성 중심 문화가 만들어 낸 온갖 굴레가 아니던가. 이 굴레를 벗어던지기는 알몸으로 가시밭길을 걷는 것보다도 더 힘들다. 그래서 많은 여성들은 남성 중심의 사회에 도전하기보다는 안주하거나 동화되어 살아가는 데 익숙해 있다. 그러나 여성들이 정말로 남성과 차별받지 않고 동등하게 살고자 한다면 자신에게 엄격해야 한다. 보브와르는 《제2의 성》에서 이렇게 경고했다.

"여성이 그저 여성적으로 사는 것에 만족한다면 여성의 굴레는 자꾸 만들어질 것이다."

그런 점에서 여성적인 것을 거부하고 출가를 결행한 초기교단의 마하파사파제(부처님의 이모)나 야수다라(부처님의 아내)는 세계여성운동사에서 매우 주목할 만한 인물이다. 그들은 여성이 남성보다 열등하다든가, 수행자로서 살아가기에 적절치 못한 신체적 구조를 가지고 있다는 관념을 일거에 무너뜨렸다. 그것은 마치 육군이나 공군, 해군 사관학교에 여자생도들이 입학할 수 없다는 불문율을 깨는 것과도 같았다. 요즘은 사관학교에 여자생도가 입학하는 것이 당연한 상식이고, 그렇게 하지 않는 것이 오히려 잘못된 것으로 간주되는 사회. 그러나 카스트제도가 엄격했던 2,600여 년 전 인도 사회에서 여성의 출가는 여자가 사관학교에 입학하는 것보다 훨씬 어려운 일이었다. 그런 현실을 뚫고 부처님 밑으로 출가한 여성 출가자들은 선구적인 여성운동가라 하기에 조금도 부족함이 없는 인물들이다.

그리고 여성의 출가를 허락한 불교도 주목받을 만한 종교다.

그런데 성차별 문제와 관련해 한 가지 재미있는 현상은 최근 들어 여권이 급격하게 신장되면서 남성에 대한 역차별 현상이 일어나고 있다는 사실이다. 남성들의 생식 능력이나 경제적 능력이 현저히 떨어지는 60대가 되면 여왕벌에게 버림받는 일벌 같은 남성들이 점점 늘어난다는 것이다. 아직은 이런 현상이 '지배적 경향'으로 자리 잡지는 않았지만 이 역차별의 현상이 어떤 방향으로 결말이 날지 주목된다.

수만 년 전 인류 사회는 모계 중심 사회였다. 그때는 남성이 여성으로부터 차별을 받았을 것이다. 그러다가 도구가 발달되고 수렵이 시작되면서 힘센 남자가 주도권을 잡게 되었다. 그런데 이제는 다시 역차별이 생길지 모른다니, 조주 화상이 말한 대로 '5년이 지났어도 잘 모를 일'이다. 모두 인류가 '간택'을 멈추지 않은 업보로다.

티끌로 나라 세우기

풍혈(風穴) 화상이 어느 날 대중에게 말했다.
"한 티끌을 세우면 가정과 나라가 흥성하고, 한 티끌을 세우지 않으면 가정과 나라가 멸망한다." (이에 대해 설두는 주장자를 들고 "나와 생사를 같이할 납승이 있는가?"라고 촌평했다.)

사족 — 천하를 얻고 싶다면

집을 짓는 데 필요한 것은 작은 티끌이다. 나라를 세우는 데 필요한 것은 이름 없는 백성이다. 아무리 큰 집도 작은 티끌이 없으면 지을 수 없다. 아무리 강성한 국가도 백성이 없으면 국가가 형성되지 않는다. 남극이나 북극과 같은 불모의 땅에 나라가 서지 못하는 것은 백성이 없기 때문이다. 드넓은 초원에 집이 없는 것은 티끌을 모아 얽어매지 않았기 때문이다. 이치가 이와 같지만 사람들은 작고 소박

한 것을 소홀하게 생각한다. 무조건 크고 화려한 것만 제일이라고 믿는다. 도시의 빌딩은 하늘 높은 줄 모르고 올라가야 좋은 빌딩이다. 집집마다 들여놓은 가재도구는 값 비싸고 화려해야 좋은 것이다.

그러나 이런 환상에 사로잡힌 사람은 다시 생각해야 한다. 사실은 그 모든 것이 하나의 티끌에서 비롯된 것이다. 크고 화려한 것일수록 수많은 티끌과 번뇌를 가져온다. 세상에 모자랄 것이 없는 재벌과 아무것도 가진 것이 없는 가난뱅이를 비교하면 누가 근심 걱정이 더 많겠는가. 천하를 호령하는 황제와 시골구석의 이름 없는 농사꾼 중에 누가 더 근심 걱정이 많겠는가. 많이 가진 사람, 높게 올라간 사람이 더 근심이 많고 걱정이 많은 법이다.

아무것도 가진 것이 없는 사람은 참으로 많은 것을 가진 사람이다. 허공은 내 것이라고 주장하는 것이 없다. 그 허공의 품에서 해와 달과 별이 살고 바람과 구름이 한가롭게 노닌다. 대지는 누구의 소유도 아니다. 그 대지의 품에서 온갖 생명이 자라고 만물이 삶의 터전을 마련하고 산다.

티끌의 마음은 일으키는 만큼 작아진다. 티끌이 아무리 많아도 허공이나 대지만이야 하겠는가. 반대로 허공의 마음은 일으키지 않아도 저절로 넉넉하고 풍족하다. 티끌의 마음으로 살 것인가 허공의 마음으로 살 것인가. 해와 달과 바람과 구름을 내 차지로 할 것인가, 티끌 한 움큼을 전 재산으로 삼을 것인가. 영웅은 천하를 얻고 필부는 티끌을 얻을 것이다.

혜적은 바로 나다

앙산 혜적(仰山慧寂) 화상이 삼성 혜연(三聖慧然)에게 물었다.
"자네의 이름은 무엇인가?"
"혜적입니다."
"혜적은 바로 나다."
"저의 이름은 혜연입니다."
앙산 화상은 껄껄 크게 웃었다.

사족 — 이름에 집착 말아야 이름이 빛나

사람들의 이름을 살펴보면 참 재미있는 데가 있다. 옛날부터 아이들의 이름은 천하게 지어야 오래 산다고 해서 아명을 지저분하게 지었다. '개똥이' '똥례' 같은 이름이 그것이다. 호적제도가 생기면서 출생신고를 하러 간 부모가 이 이름을 그대로 불러 주자 면서기 양반은 난감하기 그지없었다. 개똥이네 똥례를 어떻게 적는단 말인가. 유식한 면서기는 옥편을 들춰 가며 개똥이는 개동으로, 똥례는 분례로 적어 주었다.

이름에 소망을 담는 경우도 있었다. 대를 이을 아들을 기다리는데 아이를 낳을 때마다 여자아이가 생기니 제발 이번으로 여자아이는 그만 낳게 해 달라고 종말(終末)이나 말자(末子)로 지었다. 또 이후에는 반드시 남자아이가 생기라는 뜻으로 후남(後男)이라 지은 일도 있다. 사내아이의 경우는 나중에 훌륭한 사람이 되라고 군수, 대위 같은 이름을 짓기도 했다. 하지만 이 아이가 나중에 도지사도 되고 대령도 되면 어떻게 될지 궁금하다.

요즘은 한글 이름이 유행하면서 아이의 이름을 예쁘게 지어 주려는 신세대 부모들이 많다. '리라'라는 이름이 예뻐서 그렇게 지었는데 그 집의 성이 고 씨여서 그 여자아이는 졸지에 '고리라'라는 별명으로 불렸다나 어쨌다나.

사람의 이름이란 따지고 보면 그야말로 허명에 불과하다. 내가 세상에 태어났을 때 할아버지가 '바위'라고 이름을 지어 주었고 '바람'이라 지었기 때문이지 돌대가리나 바람둥이이기 때문에 그렇게 된 것은 아니다. 사물의 이름도 그렇다. '고추'나 '땅콩'이나 '마늘'도 누가 이름을 그렇게 지었기 때문이다. 아마 '추고'나 '콩땅'이라 지었어도 마찬가지였을 것이다.

그러나 사람들은 이 이름에 집착해 그것이 자기의 본성 또는 실체라고 생각한다. 흔히 하는 말로 '이름 석 자를 남기기 위해' 또는 '이름을 더럽히지 않기 위해' 무진 애를 쓴다. 그러다가 오히려 이름을 더럽히고 불명예를 뒤집어쓰는 일은 또 얼마나 많은가.

이름이란 무엇인가. 본체의 입장에서 보면 그것은 하나의 허상이다. 이름은 본래 없는 것이다. 개똥이라 해도 개똥이가 아니다. 앙산이 혜적이고 혜연이 앙산이라 해도 상관없는 일이다. 허명에 집착하면 참다운 본체를 보지 못한다. 그러나 현상의 입장에서 보면 그것은 분명 또 다른 자기다. 아무것도 아닌 나를 밖으로 보여 주는 상징이다. 그 이름이 불명예스럽게 된다는 것은 천추에 부끄러운 일이다.

이름에 집착하지 말아야 본체를 본다. 그래야 이름이 빛난다. '모순의 합리성'이라고나 할까. 세상사는 이렇게 모순의 합리성으로 짜여져 있다.

'아직도 있냐'고 묻다

백장 화상이 이번에는 운암(雲巖)에게 물었다.
"너는 목구멍과 입술을 막고 말할 수 있겠느냐?"
"스님은 아직 목구멍과 입술이 남아 있습니까?"
백장 화상이 탄식하며 말했다.
"내가 법손 하나를 잃었구나."

사족 — 문제는 독창성이야

문제는 독창성이다. 사업을 하든 시를 쓰든 등산을 하든 남을 따라 하다 보면 이류나 삼류는 될 수 있을지언정 일류는 될 수 없다. 에베레스트 정상에 수많은 산악인이 올랐지만 사람들이 기억하는 것은 아무개 경뿐이다. 그는 최초로 에베레스트에 오름으로써 영원히 기억되고 있다. 장사도 그렇다. 남들과 똑같이 포장마차를 해서는 입에 풀칠도 하기 힘들다. 맛이든 분위기든 장소든 무엇인가 남다른 데가 있어야 한다.

시를 쓰는 시인의 경우는 더욱 그렇다. 대가를 흉내 내다 보면 '시인'이라는 명함은 가질 수 있을지는 모르나 시인으로서 성공할 수는 없다. 베토벤이나 피카소를 흉내 내다 보면 영원히 베토벤이나 피카소를 뛰어넘을 수 없다. 출판을 하거나 영화를 제작하는 것도 마찬가지다. 한 달에도 수많은 책이 쏟아져 나오고 영화도 수없이 제작되지만 성공을 거두는 것은 그리 흔치 낳다. 남이 해서 잘된다니까 따라가다 보면 아류가 될 뿐 성공이 보장되지 않는다. 그렇게 하다가 망한 사람이 수도 없이 많다.

백장 화상의 질문에 답하는 운암의 경우가 그렇다. 이런 유의 대답은 이미 범이 먹어치운 뒤 남은 개뼈다귀에 지나지 않는다. 물건을 팔고 사는 치열한 경쟁시장에서 남이 쓰고 남은 쓰레기를 주워서 "이것이 나의 물건이오." 하고 내놓는다면 아무도 쳐다보지 않을 것은 당연한 일이다.

다시 말하지만 문제는 독창성이다. 남을 따라 하다 보면 이류나 삼류는 될지언정 일류는 못 된다. 그러면 중국 송나라 때 집성한《벽암록》이나 읽으며 사족을 다는 사람은 어떤가. 말하나마나 삼류다. 그러면 이 사족을 읽는 독자는 어떤가.

나는 독자를 모독할 의도는 전혀 없다.

'호떡'이라고 대답하다

한 남자가 운문 화상에게 물었다.
"어떤 것이 부처나 조사를 초월하는 말입니까?"
화상은 이렇게 답했다.
"호떡이니라."

사족 — 큰 장사, 소인배의 장사

장기나 바둑을 둘 때 하수가 패하는 가장 큰 원인은 너무 의도를 뻔하게 드러낸다는 것이다. '나는 이 말을 먹겠다.'거나 '나는 이 땅을 차지하겠다.'거나 하는 의도를 나타낸다. 그러면 상대는 금방 방책을 세우고 오히려 포위하거나 함정을 파서 궁지에 몰리게 한다. 이런 싸움은 해 봐야 백전백패다. 상대를 제압하려면 뻔하게 알아차

릴 수 있는 범수로는 안 된다.

매가 비둘기를 채듯 날렵하되 아무리 공격을 받아도 바위처럼 끄떡없는 진중함이 있어야 한다. 모든 싸움은 이렇게 하면 백전백승이다.

천하 사람들의 코를 한 줄에 꿰려는 사람도 마찬가지다. 천하 사람들이 다 알고 쓰는 방법으로는 안 된다. 알고도 꼼짝 못하는 그런 방법이어야 한다. 그것이 어떤 것인가.

울고 싶은 놈은 실컷 울도록 해 주는 것이다. 옷이 필요한 놈은 옷을 주는 것이다. 배고픈 놈에게는 호떡을 입에 물려 주는 것이다. 재벌들이 어떻게 재벌 노릇을 하는지를 보면 이 점은 쉽게 이해가 갈 것이다. 그들은 남에게 일자리를 준다. 돈이 필요한 사람은 찾아와 돈을 벌어 가게 한다. 밥이 필요한 사람이 찾아오면 그들에게 밥을 먹여 준다. 승진을 해야 할 사람은 승진을 시켜 준다. 그러면 그들은 그의 손에 코가 꿰어서 시키는 대로 한다. 이것이 재벌이 되는 비결이다.

이와는 반대로 하수는 남이 울 때 입을 막으려 하고, 남이 달라면 있는 것도 감추려고 한다. 그러다가 끝내는 몽땅 다 잃고 알거지 신세가 된다. 이것이 소인배의 장사다.

천하에는 부처와 조사도 하지 않은 한마디를 찾아 헤매는 자가 수없이 많다. 배고프고 추운 사람도 수없이 많다. 배고픈 놈에게 밥을 안 주면 물어뜯긴다. 옷을 달라는 사람에게 옷을 안 주면 강탈당한다. 이때 운문 화상은 망설임 없이 '호떡'을 던져 입을 틀어막는다.

운문은 가만히 앉아서 또 한 사람의 코를 꿰어 버리는 것이다. 운문이 '천하 사람의 코를 꿰는 고수'라는 것은 여기서 그 면모가 확인된다.

부처와 기둥이 사이좋게 지내다

운문 화상이 하루는 대중에게 이렇게 말했다.

"법당 안의 옛 부처와 기둥이 사이좋게 지내는데 이것은 어떤 소식인지 알겠는가?"

대중이 말이 없자 스스로 대답했다.

"남산에서 구름이 일어나니 북산에서 비가 내리도다."

사족 - 상관없는 건 그대로 놔두어라

'법당 안의 옛 부처가 기둥과 친하게 지낸다.'거나 '구름은 남산에서 이는데 비는 북산에서 내린다.'는 진술은 아무 상관 없는 것들이 상관이 있다는 말이다.

정말 그런가? 물론 그렇고말고다.

꽃은 저기서 피었는데 새는 왜 여기서 지저귀는가. 산봉우리는 저기 있는데 구름은 왜 서쪽으로 흘러가는가. 해는 낮에 뜨는데 달은 왜 밤에 뜨는가.

여기에는 아무런 작위가 없다. 그저 그렇게 주객이 일여할 뿐이다. 왜 눈 위에 눈썹이 있느냐고 묻는 것은 바보 같은 질문이다. 있는 그대로를 놓고 보면 된다. 공연히 호들갑을 떨면 이런 꼴이 난다.

옛날 대양국(大梁國)에 장이(張耳)와 진여(陳餘)라는 사람이 있었다. 두 사람은 매우 우애가 있어서 이들의 우애에 비하면 황금도 똥처럼 보일 정도였다. 그런데 나중에는 서로 권력을 다투게 되어 두 사람의 사이는 똥보다도 더 더러운 사이가 되었다. 황금은 황금, 똥은 똥이라 했으면 됐을 것을 호들갑을 떨다가 똥보다 못한 사이가 된 것이다.

상관없는 것은 그대로 놔두는 것이 상관있도록 하는 것이다. 법당 안의 옛 부처를 기둥 가까이 놓거나 기둥을 옮겨 놓으면 그것이 부자연스러운 것이다. 수석을 좋아하는 사람들은 돌을 캐다가 집 안에 놓지만 아무리 그렇게 해 봐도 천불동 계곡의 수석만은 못한 법이다. 자연 그대로 그냥 좀 놔두라. 놔둬.

약과 병은 서로 치료한다

운문 화상이 어느 날 대중법문을 했다.

"약은 병을 고치지만 병은 약을 다스리는 것이다. 내가 보니 온 세상이 다 약이니 도대체 그대들은 무엇이 자기라 하겠는가?"

사족 — 병이 약을 치료한다고?

부처님의 설법을 '응병여약(應病與藥)'이라 한다. 병에 따라 약을 준다는 것이다. 약이란 병을 낫게 하는 것이다. 그런데 이 약은 온 세상에 가득 차 있다는 것이다.《화엄경》〈입법계품〉에는 이런 얘기가 있다.

문수보살이 젊은 구도자 선재동자에게 이 세상에서 약이 못 되는 것을 찾아오라고 했다. 선재는 온 세상을 뒤졌으나 그런 것은 어디에도 없었다. 문수보살에게 이 사실을 고하자 이번에는 약을 찾아오라고 했다. 선재는 풀 한 포기를 뜯어 바쳤는데 보살은 이를 받아들고 이렇게 말했다.

"이 약은 사람을 죽이기도 하고 살리기도 한다."

어째서 그런가. 예를 들면 어떤 사람이 병이 들어 약을 먹고 쾌차했다. 그러나 이 사람은 병이 나았는데도 약의 집착에서 벗어나지 못하고 있다고 하자. 이 경우 그는 참으로 병이 나았다고 할 수 없다. 병이 나은 사람은 병이나 약에 대한 집착이 없어야 비로소 병이 나았다고 할 수 있기 때문이다.

수행도 이와 마찬가지다. 미혹이 있으니까 깨달음이란 약을 찾고, 번뇌의 병이 없어지나, 그 대신 깨달음이라는 것이 남는다면 병이 다 나았는데도 계속 약을 먹는 것과 같다. 따라서 미혹과 깨달음을 다 함께 버려야 비로소 병과 약이 다 함께 치료됐다고 할 수 있다.

병 얘기가 나왔으니 군말 한 마디 더.

오래 살고 싶은 사람은 몸에 병 한 가지쯤 가지고 사는 것이 좋다. '고랑팔십'이라고 골골하는 사람이 더 오래 산다. 왜 그런가. 몸에 병이 있으니 무리하지 않고 욕심 덜 내고 조심하기 때문이다. 그러나 너무 건강한 사람은 의욕이 넘쳐서 무리하다가 건강이 꺾어지면 그냥 넘어지기 쉽다. 명나라 때 묘협(妙協)이란 스님이 쓴《보왕삼매염불직지(寶王三昧念佛直指)》라는 책에 보면 '십대애행(十大碍行)' 즉 열

가지 장애를 뛰어넘는 방법이라는 글이 있는데 읽어 볼수록 교훈적이다. 표구해서 가정에 많이 걸어 놓고 있는데, 소개하면 이렇다.

몸에 병 없기를 바라지 말라. 몸에 병이 없으면 탐욕이 생기기 쉽나니.

세상살이에 근심 없기를 바라지 말라. 세상살이에 곤란함이 없으면 업신여기는 마음과 사치한 마음이 생기나니.

공부하는 데 마음에 장애 없기를 바라지 말라. 마음에 장애가 없으면 배우는 것이 넘치게 되나니.

수행하는 데 마장 없기를 바라지 말라. 수행하는 데 마장이 없으면 서원이 굳건해지지 못하나니.

일을 꾀하되 쉽게 되기를 바라지 말라. 일이 쉽게 되면 뜻을 경솔한 데 두게 되나니,

친구를 사귀되 내가 이롭기를 바라지 말라. 내가 이롭고자 하면 의리를 상하게 되나니.

남이 내 뜻대로 순종하기를 바라지 말라. 남이 내 뜻대로 순종해 주면 마음이 스스로 교만해지나니.

공덕을 베풀면서 과보를 바라지 말라. 과보를 바라면 도모하는 뜻을 가지게 되나니.

이익을 분에 넘치게 바라지 말라. 이익이 분에 넘치면 어리석은 마음이 생기나니.

억울함을 당해서 밝히려고 하지 말라. 억울함을 밝히면 원망하는 마음을 돕게 되나니.

이것이 병과 약이 서로 치료하는 법이다.

보이지 않는 곳

《능엄경》에 이런 말이 있다.

"내가 보지 않을 때 그대는 왜 내가 보지 않는 곳을 보지 못하는가. 만약 내가 보지 않는 곳을 본다면 자연 여래가 보지 않는 모습이 아닐 것이다. 만일 내가 보지 않는 곳을 보지 못한다면 결코 물질이 아닐 것이다. 어찌 네가 아니랴."

송(頌)
코끼리와 소를 다 봤다 해도 장님이니
예로부터 고승들은 껍데기만 더듬었구나.
이제 노랑머리 석가를 보려고 하는가.
어디서든 보았다 해도 반밖에는 안 되네.

사족 — 북한산을 어떻게 볼 것인가

'군맹모상(群盲摸象)'이라는 말이 있다. 《열반경》에 나오는 비유인데 눈먼 사람들이 코끼리를 만져 보고 각기 다른 얘기를 하더라는 것이다. 귀를 만진 사람은 키와 같다고 하고, 코를 만져 본 사람은 절구통 같다고 했다. 다리를 만져 본 사람은 기둥 같다고 하고 배를 만져 본 사람은 벽 같다고 했다. 모두 전체를 보지 못하고 부분만을 만졌기 때문이었다.

범부가 자아나 불성을 파악하는 것도 이와 같다. 전체를 완전히 파악하지 못한 채 부분만 보고 전체를 판단하려 한다. 예를 들어 어떤 사람이 북한산을 보았다고 하자. 그는 나무가 많은 숲을 구경하고 이 산은 나무가 많은 산이라고 생각할 것이다. 이와는 달리 바위가 많은 곳을 걸어 다녔다면 북한산은 바위산이라고 할 것이다. 이 사람들이 경험한 북한산도 북한산의 모습이기는 하지만 그것이 북한산 전체는 아니다. 마치 보릿대 구멍으로 본 하늘도 하늘은 하늘이지만 그것이 하늘의 전체가 될 수 없는 것과 같다. 관견(管見-대롱 구멍으로 사물을 본다는 뜻 : 편집자 주)이란 말은 그래서 생겼다. 이 관견에 의해 인간은 본래 착하다거나 악하다거나, 정신적 존재라거나 육체적 존재라거나, 영원불멸의 자아가 있다거나 없다거나 하는 편견과 오해가 생긴다.

앞의 얘기는 다소 철학적인 것이어서 선의 공안으로 적합해 보이지는 않으나 여기서 말하고자 하는 것은 편견과 오해를 제거하려면 부분에 매달리지 말고 전체를 보라는 것이다. 사소한 문제에 매달려 이리저리 머리만 굴리다 보면 정작 중요한 것은 놓치기 쉽다.

자기 경험만이 절대적이고 그 이외의 것에 대해서는 인정하지 않으려는 것은 군맹모상의 어리석음이다. 정도의 차이는 있지만 이런 소아적 집착에 사로잡혀 전체보다는 부분에 얽매이는 사람이 의외로 많다. 그러다가 균형감각을 잃고 일을 그르치는 것을 자주 보게 된다. 어리석은 일이다. 모든 일에서 군맹모상의 우를 범하지 않도록 조심하고 조심해야 할 것이다.

금강경을 읽으면
죄업이 소멸되는가

《금강경》에 이런 말이 있다.

"만약 어떤 사람이 (금강경을 수지독송하는데도) 다른 이로부터 업신여김과 천대를 받았다면 이는 그가 선세에 지은 죄업 때문이다. 그는 마땅히 악도에 떨어져야 하나 금생에 사람으로 태어나 사람들에게 업신여김과 천대를 받는 것이다. 그러나 이로 인해 그의 선세의 죄업이 말끔히 소멸되리라."

사족 — 콧노래를 부르며 사는 법

모든 경전은 마지막 결론 부분에서 그 경전이 가장 우수하고 훌륭한 경전이라고 강조하고 있다. 그 경전을 읽으면 그 공덕이 '불가칭불가사량(不可稱不可思量)'하다고 말한다. 이렇게 말하는 데는 그 경전을 널리 유통시키려는 의도가 포함돼 있다. 경전의 마지막 부분을 '유통분'이라고 하는 것에서도 그 의도를 알 수 있다. 그러나 뒷날 사람들은 이러한 의도를 간파하기보다는 그 자체를 사실로 믿고 사경과 같은 형식적 의례에만 빠짐으로써 오히려 경전에 포함돼 있는 진리를 파악하는 데 소홀했다. 본말이 완전히 전도돼 버린 것이다. 이는 약을 먹지 않고 효험을 바라는 것과 다름없다고 해야 할 것이다.

그건 그렇고 앞의 본칙에서 간과해서는 안 될 대목이 있다. 인생의 과정에서 아무리 노력해도 안 되는 경우를 당할 때 어떤 마음을 가져야 할까 하는 것이다. 앞의 《금강경》〈유통분〉은 선세의 죄업 때문이라고 생각하라는 것인데 이는 자칫하면 운명론에 빠질 소지가 있다. 그러나 경전이 강조하는 것은 운명론이 아니다. 오히려 철저한 인과주의다. 선세란 시간적으로 과거를 뜻한다. 과거에 그런 조건을 만들어 놓은 결과가 오늘에 나타나고 있다는 것이다. 이를 뒤집어 말하면 미래의 성공이나 실패는 현재의 우리가 어떤 씨앗을 뿌리느냐에 있다는 것이다. 현재의 불행에 대해, 더 나쁠 수도 있는데 이만큼이라도 유지하고 있는 것을 다행으로 생각하면서 미래에 대해 희망을 갖는다면 콧노래라도 부를 일이 아닌가. 이것이 반야의 지혜를 손바닥 안의 구슬처럼 굴리는 사람의 태도다.

운명이니 시련이니 하는 것도 손바닥 안의 구슬에 지나지 않는다. 이런 사람에게 더 이상의 불행은 존재하지 않는다. 마왕인들 이렇게 생각하는 사람을 어찌하겠는가. 구슬은 언제나 내 손 안에 있다.

무문의 머리말
[禪宗 無門關 自序]

　선종은 불심[佛語心]을 으뜸[宗]으로 삼고, 문이 없음[無門]을 진리의 문[法門]으로 삼는다. 그런데 이미 문이 없으니 어떻게 그 문을 뚫고 들어갈 것인가. 이렇게 말하는 것을 들어 보지 못했는가.
　"문을 통해 들고나는 것은 집안의 참다운 보배라 할 수 없다. 인연을 통해 얻은 것은 마침내 부서지고 말리라."
　기실 이렇게 말하는 것도 바람도 없이 파도를 일으키는 것이다. 또 멀쩡한 맨살을 긁어서 부스럼을 만드는 것과도 같다. 어찌하여 언어문자에 매달려 깨달음을 구하리오. 그것은 마치 몽둥이로 달을 때리려는 것과 같고, 신발을 신고 가려운 발을 긁으려는 것과 같은 짓이니 무슨 좋은 결과가 있겠는가.
　나는 소정 무자년(1228) 여름 동가에 있는 용상사에서 대중의 우두머리로 있은 적이 있었다. 그때 납자들이 나에게 "뭔가 공부에 도움을 주십시오."라고 청해 왔다. 이를 어쩌지 못하고 옛사람의 공안을 '문을 두드리는 기왓장'으로 삼아 근기에 따라 수행납승들을 인도했다. 그 가르친 내용을 요약해 기록하니 어느새 책 한 권이 되었다. 처음부터 어느 것을 앞에 놓고 뒤에 놓고 하는 순서를 고려하지 않았는데 다 모아 보니 48칙의 공안이 되었고, 이를 통칭해서 '무문관'이라 이름을 붙였다.

용기 있는 사람이라면 위험을 무릅쓰고 칼 한 자루를 잡고 이 출구 없는 관문에 바로 뛰어들라. 그러면 팔이 여덟 개나 되는 신장도 그를 막지 못할 것이다. 뿐만 아니라 서천의 스물여덟 조사와 중국의 여섯 조사들조차도 그 위풍당당함에 목숨을 구걸할 것이다. 그렇지 않고 만약에 주저하고 머뭇거린다면 창문 밖으로 달리는 말을 보려고 하듯 눈 깜빡할 사이에 놓치고 말 것이다.

조주의 개

조주 화상에게 어떤 수행자가 물었다.
"개에게도 불성이 있습니까, 없습니까?"
화상이 대답했다.
"없다."

사족 — 개처럼 살면 안 되는 줄 알면서

모든 이야기는 앞뒤를 잘라 놓고 들으면 오해가 생기기 쉽다. 조주의 개 이야기도 마찬가지다. 우선 전말을 좀 더 자세하게 살펴보고 소송을 하든 재판을 하든 해야 한다. 이 이야기는 원래 이런 것이었다.
어느 날 조주 화상에게 한 선객이 찾아와 물었다.

"개에게도 불성이 있습니까?"

"있다[有]."

"있다면 어째서 가죽 주머니 속에 들어 있습니까?"

"그가 알면서도 짐짓 범했기 때문이니라."

그런 뒤 어느 날 또 누가 찾아와 물었다.

"개에게도 불성이 있습니까?"

"없다[無]."

"일체중생이 다 불성이 있다고 했는데 어째서 없다고 하십니까?"

"그에게 업식(業識)이 있기 때문이니라."

이것이 이른바 조주구자(趙州狗子)의 온전한 이야기다.

대승불교에서는 일체중생 실유불성(一切衆生 悉有佛性), 즉 모든 중생은 다 부처가 될 자질을 가지고 있다고 본다.

개에게도 불성이 있느냐 없느냐 하는 문제는 사람에게 인권이 있느냐 없느냐 하는 질문과 똑같다. 이 질문을 받으면 누구나 '있다'고 해야 정답이다. 당유(當有)다. 마땅히 있고, 있어야 하고, 없으면 안 된다. 그렇다면 '개에게도 불성이 있느냐'는 질문은 인종차별론은 아니더라도 중생차별적인 발언이 분명하다. 이에 대해서는 조주 화상도 '있다'고 대답해야 안 맞아 죽는다. 그래서 나온 대답이 '있다[有]'였다.

그런데 이 수행자에게는 한 가지 의문이 남았다. '그렇다면 왜 개 가죽을 뒤집어쓰고 있느냐'는 것이다. 이에 대한 조주의 답변은 날씬하고 명쾌하다. '개처럼 살면 안 되는 줄 알면서 개처럼 살기 때문'이라는 것이다.

비유로 말하면 이렇다. 품질 좋기로 유명한 안성의 방짜 유기도 가만히 놔두면 녹이 슬어 검푸른색이 난다. 마찬가지로 아무리 본성이 깨끗하더라도 더러움에 물든 그대로를 부처라 할 수는 없다. 남을 죽이고 훔치고 빼앗으며 짓밟는 것은 짐승의 본성이지 사람의 본성이 아니다. 부처의 본성은 더더욱 아니다. 그럼에도 짐승 그대로를 부처라고 하는 것은 오해이자 허위이고 기만이다. 조주가 업식, 즉 나쁜 습관 때문이라고 한 것은 그런 뜻이다. 단언해서 말하면 그런 습관을 가지고 있는 한, 버리지 않는 한 부처가 될 수 없다.

부처로 사는 것이 아니라 개처럼 살고 있는 것이 우리 인생이 아닌가. 그래서 선객들은 오늘도 시뻘겋게 단 쇳덩이를 입에 물고 이렇게 묻는다.

"개에게는 정말로 불성이 없는가?"

이 질문을 당신에게 적용하면 이렇게 된다.

"그대에게는 정말로 불성이 있는가?"

향엄의 나뭇가지

어느 날 향엄(香嚴) 화상이 말했다.

"어떤 사람이 나무 위에 올라가서 입으로 나뭇가지를 문 채 손으로는 나뭇가지를 잡지 않고, 발로도 나뭇가지를 딛지 않고 있었다. 그때 나무 아래서 어떤 사람이 '달마 대사가 서쪽에서 온 뜻이 무엇인가'를 물었다. 만약 이 질문에 대답을 하지 않으면 묻는 사람에 대한 예의가 아니며, 대답을 하게 되면 몸을 상하고 목숨을 잃게 된다. 이런 때에는 어떻게 하면 좋겠는가."

사족 — 무엇을 선택할 것인가

'순간의 선택이 10년을 좌우한다.'
오래전에 유행하던 어느 가전제품회사의 광고 문구다. 소비자들이 과연 순간의 선택으로 10년 동안 고장 나지 않는 좋은 제품을 구입했는지는 잘 모르겠다. 그러나 광고 문구만큼은 아주 지당하고 옳은 것이 아니었던가 생각된다.

어쩌면 인생이란 이 광고처럼 매순간을 선택하면서 살아가는 것인지도 모른다. 아침식사를 건너뛰고 늦잠을 더 잘까 말까. 친구를 만나러 갈까 말까. 내설악에서 속초로 갈 때 대청봉으로 넘어갈까 마등성으로 넘어갈까. 다리가 아프고 비도 오니 포기하고 하산을 할까 말까. 어제 목욕을 했는데 오늘 또 할까 말까. 인사하러 오는 사람에게 용돈이라도 챙겨 줄까 말까. 멀리 있는 도반이 아프다는데 문병을 갈까 말까. 대구까지 기차를 타고 갈까 버스를 타고 갈까. 돌아오는 길에 지난번 신세 진 사람한테 전화를 할까 말까. 날씨가 우중충하니 우산을 들고 나갈까 말까. 오른쪽으로 갈까 왼쪽으로 갈까…….

아무것도 아닌 것 같은 이런 일상적인 문제에서 선택이 중요한 것은 그로 인해 인생 자체가 달라질 수 있기 때문이다. 만약 그때 그 사람을 만나지 않고 다른 일을 했다면, 또는 오른쪽으로 가지 말고 왼쪽으로 갔다면, 그 시간에 성수대교를 건너지 않았거나 삼풍백화점에 들어가지 않았다면, 만약 그때 로또복권을 사서 당첨이 되었다면……. 가만히 생각해 보면 그때 내가 그런 선택을 하지 않았다면 내 인생은 획기적인 전환점을 맞이했을지도 모른다. 이렇게 지금 이 순간의 선택이 곧 생사를 갈라놓는 것이라면 우리는 매순간의 선택을 그렇게 쉽게 하지 못할 것이다.

향엄 스님이 우리에게 묻고 있는 것도 이것이다. 매순간이 이렇게 절체절명의 순간인데 그때 어떤 선택을 할 것이냐 하는 것이다. 부처님은 어떤 선택을 했고, 조사는 어떤 선택을 했으며, 그대는 어떤 선택을 할 것이냐를 묻고 있는 것이다. 만해 한용운은 〈자민(自悶)〉이라는 시에서 그 선택의 고민을 이렇게 토로한 적이 있다.

> 잠자리에 들면 꿈이 괴롭고
> 달 밝은 밤이면 생각만 많네.
> 한 몸에 적이 둘이나 되다니
> 아침마다 흰머리만 늘어나네.

잘 알려져 있듯이 만해는 심지가 바위처럼 굳고, 기상이 서릿발 같은 인물이었다. 그런 만해가 밤마다 이렇게 할까 저렇게 할까 고민하다가 아침에 일어나면 귀밑에 흰머리만 늘어난다고 고백하고 있으니 뜻밖이라고 할 것이다. 하지만 이는 전혀 이상한 일이 아니다. 모든 사람의 마음속에는 언제나 두 사람의 적이 존재한다. 변절을 하고 편하게 살까 말까, 출세를 위해 아부를 할까 말까. 이런 고민은 지금도 우리 가슴속에서 끊임없이 반복되고 있다. 따지고 보면 부처님이나 고승대덕도 늘 이런 고민 속에서 살았다.

조주의 바리때

조주 화상에게 한 수행자가 찾아와 말했다.

"저는 이제 막 총림에 발을 들여놨습니다. 잘 지도해 주셨으면 합니다."

화상이 말했다.

"아직 아침에 죽 먹는 일을 끝내지 않았는가?"

수행자가 말했다.

"죽은 이미 먹었습니다."

화상이 말했다.

"그럼 발우나 씻으시게."

이 말에 수행자는 깨달은 바가 있었다.

사족 — 밥을 먹었으면 설거지를 하라

중국에서 성립한 조사선(祖師禪)의 특징은 '일상성(日常性)'에 있다. 어떠한 진리도 일상성을 떠나서는 아무런 의미가 없다는 것이다. 일상성이란 좀 더 쉬운 말로 바꾸면 밥 먹고 똥 누고, 차 마시고 오줌 싸고, 가려우면 긁고 졸리면 잠자는 것을 말한다. 이런 일상성이 진리의 표현이라면 종교를 엄숙하게만 생각하는 사람들은 좀 당황할지도 모른다. 그러나 이것을 떠나서는 진리의 참모습을 볼 수 없다는 것이 중국 조사선의 발상이다.

도대체 진리란 무엇인가. 여러 가지 설명을 종합하면 '반드시 그렇게 되는 것, 그렇게 되지 않으면 안 되는 것'을 말한다. 예를 들어 밥을 먹으면 반드시 똥을 싸야 하고, 차를 마시면 오줌을 싸야 한다. 졸리면 자야 하고, 가려우면 긁어야 한다. 그렇게 하지 않거나 못하게 되면 병이 생기고 만다. 자연의 이치도 마찬가지다. 물은 높은 곳에서 낮은 곳으로 흘러가야 하고, 구름은 바람이 부는 방향으로 날아야 한다. 이를 거스르게 되면 자연재해가 생긴다. 세상이 돌아가는 것도 이 원칙에서 벗어나지 않는다. 자유가 억압당하고, 평등이 무너지고, 정의가 매몰되고, 박애가 쓰러진 사회는 혼란과 타락과 침체가 뒤따르기 마련이다.

그러므로 세상이 제대로 돌아가도록 하는 방법은 하나뿐이다. 일상성의 진리가 통할 수 있도록, 원칙이 원칙대로 돌아가도록 하는 것이다. 밥 먹으면 똥 싸고, 차 마시면 오줌 누도록 해야 한다. 이렇게만 한다면 세상에 문제될 것이 아무것도 없다. 그야말로 '나물 먹고 물 마시고 팔을 베고 누웠으니 대장부 살림살이 이만하면 족하다'는 노래가 나올 만하다.

그러나 우리의 일상은 바로 이 '일상성'에서 벗어나 있다는 데 문제가 있다. 더 정확하게 말하면 상식에서 벗어나 있다는 것을 알면서도 상식으로 회귀하려고 하지 않으려는 것에 문제가 있다. 세상 사람들이 사는 모습을 보면 상식에서 벗어나기 위해 거의 발악을 하는 것 같다는 생각이 들 정도다.

신문이 뽑은 기사 제목을 보아도 '술 소비량 세계 2위' '마약 안전지대는 옛말'과 같은 것이 자주 눈에 띈다. 이것은 사회 전체가 상식에서 벗어나 이상한 방향으로 가고 있음을 말해 준다. 이제 사람들은 무엇이가 특별하고 새로운 것, 자극적이고 신기한 것이 아니면 즐거움을 느끼지 못하게 된 것이다. 그러다 보니 참으로 납득하기 어려운 이상한 일들이 수없이 많이 생긴다. 아내와 남편을 둔 배우자가 애인 만드는 것이 유행이 되고, 길러 주고 가르쳐 준 부모를 돈 때문에 살해하는 패륜범죄도 심심찮게 일어난다. 더 자극적인 쾌락을 위해 술집에서는 온갖 상상이 다 동원된 퇴폐를 보여 준다고 한다. 심지어 인터넷에 들어가면 자살을 같이 하고 싶은 사람을 모집하기도 한다고 한다. 그런가 하면 도둑질하는 기술을 공개적으로 가르쳐 준다고 하는 세상이다. 사회 전체가 거꾸로 돌아가고 이상한 방향으로 흘러가는 것이다. 이런 도착적(倒錯的)인 현상이 경향화되고 일상화된다면 정말 큰일이 아닐 수 없다.

선(禪)의 스승들이 일상성의 회복을 주창한 것은 바로 이런 이유에서였다. 일상을 떠나서 도(道)가 따로 있는 것이 아니라 일상 속에 참된 도가 있으니 헛되이 다른 곳에서 찾지 말라는 것이다. 도란 멀리 있는 것이 아니라 가까이 있다는 것이 조사선의 출발점이다. 자기 코앞에 도가 있지만 그것을 참된 도로 알지 못하는 사람을 선사들은 '쓸개 빠진 놈' '술지게미나 먹는 놈'이라고 꾸짖는다.

선어록(禪語錄)을 보면 '날마다 쓰지만 알지 못한다[日用而不知]'는 말이 자주 나온다. 이것은 원래 《주역(周易)》에서 차용한 말이다. 여기에는 일상생활 속에서 자기의 주체성을 잃지 말고 자각적인 삶을 살라는 선사들의 벼락같은 가르침이 들어 있다.

조주 화상이 총림을 찾아온 초심 납자에게 가르친 내용도 이것이다. 도란 아침 밥 먹는 일상성 속에 그 참뜻이 들어 있다. 무문의 말대로 '이것은 너무나 분명한 것'이다. 그런데도 이를 빨리 알아듣지 못하자 다시 죽 묻은 발우나 씻으라고 말한다. 밥을 먹었으면 설거지를 제대로 하는 것이 '일상의 진리'라는 것이다. 이 일상의 진리를 모르고 매번 신기한 일이나 쫓아다니면 정작 보아야 할 볼일을 제대로 못 보게 된다. 이것을 제대로 알아채야 총림의 고불(古佛)로 불리는 조주 화상으로부터 '밥은 이미 오래전에 다 지었다'고 인가받을 수 있다.

이렇게 설명해도 알아듣지 못한다면 한 가지 예를 더 살펴보자. 《금강경》은 부처님이 기원정사에 1천2백 명의 제자와 함께 있을 때의 일을 이렇게 전해 준다.

"이때 부처님은 식사할 때가 되자 가사를 입고 발우를 들고 사위성으로 들어갔다. 성중에 있는 집들을 차례대로 돌며 탁발을 한 뒤 본처인 기원정사로 돌아와 공양을 했다. 공양이 끝난 뒤에는 의발을 거두고 발을 씻은 다음 자리를 펴고 앉았다."

이 평범하기 이를 데 없는 부처님의 일상이야말로 수행자가 어떻게 살아가야 하는가가 잘 나타나 있다.

청세의 술 석 잔

조산 화상에게 어떤 수행자가 물었다.

"청세가 몹시 가난하고 외롭습니다. 스님께서 저에게 은혜를 베풀어 구제해 주십시오."

화상이 그를 '청세 아사리' 하고 불렀다. 그가 '네' 하고 대답하자 화상이 말했다.

"청원의 백 씨네 집에서 빚은 맛있는 술을 석 잔이나 마시고도 아직 입술도 적시지 못했다고 하는구나."

사족 — 얼마나 가난해져야 진정 가난한 건가

세속에서는 물질적으로 풍요를 누리고 사는 것이 복된 일이다. 세속적 가치란 부귀를 구하는 것일진대 이것을 탓하면 안 된다. 다만

부를 축적하더라도 정당하게 해야 한다. 세속의 경제윤리도 바로 이 점을 줄기차게 강조한다. 많이 모으는 것 못지않게 '깨끗한 부자'가 되는 것이 중요하다는 것이다.

하지만 극심한 경쟁이 밤낮없이 계속되는 전쟁터에서 신사답게 돈을 벌라는 요구는 매우 어려운 주문이다. 죽이지 않으면 죽임을 당하고, 먹지 않으면 먹힘을 당하는 세상에서 양심껏 장사를 하고 거만(巨萬)의 돈을 모은다는 것은 거의 불가능하기 때문이다. 《성경》 에 '부자가 천국에 가는 것은 낙타가 바늘구멍을 통과하기보다 어렵 다.'는 말이 있는데 이는 뒤집어 해석하면 '깨끗한 부자'가 얼마나 어 려운 것인가를 말해 준다.

본론을 얘기하자.

조산 화상에게 청세라는 수행자가 찾아와서 '가난하고 외롭다'고 한 것은 청승이 아니다. 나도 수행을 할 만큼 했더니 이제는 어디다 내놔도 부끄럽지 않을 정도가 됐다는 것이다. 자비를 베풀어 구해 달라고 한 것은 이것을 인정해 달라는 것이었다. 그러나 조산 화상 의 반응은 냉정하다. '나도 이 정도로 가난해졌다'고 자랑하는, 그 건 방진 마음가짐으로는 진정한 가난을 성취했다고 보기 어렵다는 것 이다. 이미 천하의 명주라는 백가주 석 잔을 먹고도 먹지 않았다고 겸손한 척하는 자체가 뽐내는 마음이 남아 있는 증거라는 질책이다.

수행자에게 진정한 가난이란 가난해졌다는 마음까지 없어져야 한다. 욕심은 나는데 체면 때문에 참는다든가, 미움은 사라지지 않앉는데 대인인 척 용서를 흉내 낸다든가, 자기의 점잖음을 자랑하기 위해 용렬함을 감추는 정도로는 진정으로 가난해졌다고 보기 어렵다. 그러면 얼마나 가난해져야 가난해졌다고 말할 수 있는가. 진정한 가난이란 욕심과 분노와 망상의 뿌리조차 다 없어지고, 없어졌다는 생각마저 없는 그런 상태가 돼야 한다. 물은 그저 소리 없이 아래로 흘러가고, 구름은 청산에 걸렸다가도 바람이 불면 떠난다. 결코 바위에 기대 오래 머물려고 집착하지 않는다. 바람 부는 대로 흘러가는 대로 놔둔다. 그래야 자유를 얻을 수 있다.

영운지근(嶺雲志勤) 선사는 자신의 가난한 살림에 대해 이렇게 멋진 시를 써 보인 적이 있다. 이 따위 시를 남긴 것 자체가 또 하나의 재산을 남긴 것이기는 하지만…….

> 지난해의 가난은 가난이 아니었네
> 올해의 가난이 참으로 가난이네.
> 지난해는 송곳 꽂을 땅이 없었으나
> 올해의 가난은 꽂을 송곳마저 없네.

동산의 몽둥이

운문 화상이 참선공부 하러 온 동산 스님을 만나 이런 문답을 주고받았다.

운문 : "최근 어디에 있다가 왔는가?"

동산 : "사도(査途)에 있다가 왔습니다."

운문 : "여름안거는 어디서 했는가?"

동산 : "호남의 보자산에서 보냈습니다."

운문 : "언제 거기서 떠났는가?"

동산 : "8월 25일에 길을 떠나왔습니다."

운문 : "네게 몽둥이 60대를 때려야 하지만 용서해 주겠다."

다음 날 아침 동산이 운문 화상을 다시 찾아와서 물었다.

동산 : "어제는 스님에게서 몽둥이 60대 맞을 것을 용서받았습니다. 그러나 아무리 생각해 봐도 무엇을 잘못했는지 알 수 없습니다."

운문 : "이 밥통아. 강서와 호남을 그런 식으로 왔다 갔다 했느냐!"

이 말에 동산은 크게 깨쳤다.

사족 — 직분을 다하지 못하면

공자가 말년에 제(濟)나라에 간 적이 있었다. 당시 제나라는 군주 경공(景公)이 첩을 많이 두고 태자를 세우지 않아 군신과 부자의 도가 어지러웠다. 이를 틈타 대부(大夫)인 진(陳) 씨는 사심을 품고 왕권을 노렸다. 이런 사정을 알고 있던 공자는 정치의 도를 묻는 경공에게 의미심장한 대답을 해 주었다.

"임금은 임금답고, 신하는 신하다워야 합니다. 아버지는 아버지답고, 자식은 자식다워야 합니다[君君臣臣父父子子]."

이 말을 들은 경공은 무릎을 치며 감탄했다.

"좋은 말씀입니다. 진실로 임금이 임금답지 못하고, 신하가 신하답지 못하며, 아버지가 아버지답지 못하며, 자식이 자식답지 못하다면 비록 곡식이 있다 한들 내가 어찌 먹을 수 있겠소."

그러나 경공은 공자의 말을 실행하지 않았다. 그런 때문인지 결국 진 씨에게 국권을 빼앗기고 말았다.

공자의 언행을 모아 놓은 《논어(論語)》의 〈안연(顏淵)〉 편에 나오는 얘기다.

공자가 '임금이 임금답고, 신하가 신하답고, 아비는 아비답고, 자식이 자식다워야 한다.'고 한 것은 모든 사람이 직분을 다하는 삶을 살아야 한다는 것을 강조한 것이다. 유교에서는 이를 정명론(正名論)이라고 한다. 정명이란 모든 사람이 이름을 바르게 하기 위해 그 이름에 값하는 직분에 충실해야 한다는 뜻이다. 사람뿐만이 아니라 천지만물까지도 명실상부하게 이름과 내용이 일치돼야 천하가 태평해질 수 있다는 것이다.

정명론의 뿌리는 중국 고대 요순임금 시절까지 거슬러 올라간다. 《서경(書經)》에 보면 요순의 치적을 기록한 우서(虞書)의 〈대우모(大禹謨)〉편에서 이미 정명을 논하고 있다. '임금이 그 임금 노릇을 정말로 어렵게 여기고, 신하가 그 신하 노릇을 정말로 어렵게 여긴다면 나라의 정사가 잘 다스려질 것이고 백성들의 덕행이 민첩하게 될 것이다.'라는 말이 그것이다. '직책에 따른 직분의 수행'은 사회구성원으로서 중요한 도덕적 의무라는 것이다. 그러나 현실에서는 그렇지 못한 경우가 비일비재하다. 국회의원과 장관, 판검사와 대학교수, 성직자와 같은 지도층 인사들이 그 직분을 다하지 못해서 일으킨 파문이 어디 한두 번이던가.

대중과 함께 어울려 살아야 하는 사회에서는 누구나 할 것 없이 직책이 주어진다는 점, 직책에 따른 직분을 제대로 수행해야 한다는 점이다. 만약 여기서 직분을 제대로 수행하지 않으면 그 집단은 이내 큰 혼란이 생긴다. 그래서 책임을 다하지 않은 사람에게는 그에

합당한 벌칙이 주어졌다. 여기에는 세속 사회나 출가 사회가 조금도 다르지 않다.

　운문 화상이 동산 수초(洞山守初)에게 몽둥이 얘기를 꺼낸 것은 그가 수행자로서 직분을 다하지 못했다는 질책이다. 수행자는 구름 따라 바람 따라 전국의 명산대찰을 유람하기 위해 출가한 것이 아니다. 탐·진·치 삼독이라는 번뇌 망념에 물든 거짓 자기를 벗어던지고, 자신의 본래심(本來心)을 회복하여 인천(人天)의 스승이 되기 위해서다. 그럼에도 동산은 강서와 호남을 물색없이 왔다 갔다 하기만 했을 뿐, 정작 중요한 수행은 제대로 하지 못했으니 이는 밥값을 못한 것이다. 그러니 혼이 나야 한다는 것이 운문 선사의 호통이다.

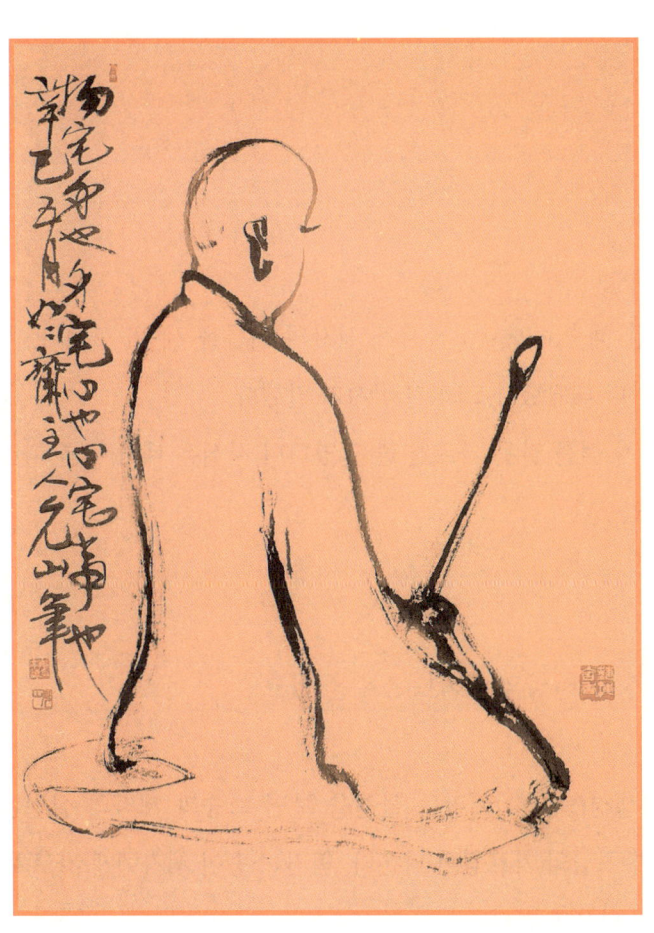

국사의 부르심

남양 혜충(南陽慧忠) 국사가 시자의 이름을 세 번 불렀다. 시자는 그때마다 대답했다. 그러자 국사가 말했다.

"내가 너를 잘못 가르친 줄 알았더니 사실은 네가 나를 따라오지 않고 있구나."

사족 — 선생은 있어도 스승은 없고

《선생경(善生經)》이라는 불경을 보면 스승과 제자의 실천윤리에 대한 부처님의 가르침이 나온다. 먼저 스승이 제자에게 가르쳐야 할 의무는 다음과 같다.

첫째, 기술을 잘 가르쳐야 한다.

둘째, 빨리 가르쳐야 한다.
셋째, 아는 것을 다 가르쳐야 한다.
넷째, 좋은 곳으로 나가게 해야 한다.
다섯째, 좋은 벗을 사귀도록 가르쳐야 한다.

스승의 의무 가운데 특히 주목되는 것은 '제자에게 아는 것을 다 가르쳐야 하고' 또 '제자가 좋은 방향으로 나가도록 도와주어야 한다.'는 것이다. 이것은 스승이 제자를 가르칠 때 최선을 다해야 하며, 만약 제자가 잘못되어 나쁜 길로 간다면 진정으로 스승의 책무를 다 했다고 볼 수 없다는 것이다.

이에 대해 제자는 스승에게 다음과 같은 의무를 실천해야 한다.

첫째, 공경하고 순종해야 한다.
둘째, 가르침을 잘 받들고 따라야 한다.
셋째, 일찍 찾아가 배움을 청해야 한다.
넷째, 나쁜 짓을 하지 말아야 한다.
다섯째, 스승의 명예를 빛내야 한다.

제자의 의무 가운데 주목되는 것은 '일찍 찾아가 배움을 청해야 하고' '스승의 명예를 빛내야 한다.'는 것이다. 이것은 공부하는 데 게으르지 말라는 뜻이다. 아무리 잘 가르치려고 해도 제자가 게으르면 성과가 나지 않기 때문이다. 또 제자는 나중에는 그 스승을 뛰어넘어야 한다. 청출어람(靑出於藍)이 되는 것이야말로 진정으로 스승의 명예를 빛내는 길이다.

이렇게 스승은 제자에게 존경받고, 제자는 스승의 뒤를 이어 학문이나 기술로 세상에 기여하게 된다면 얼마나 아름다운 사제관계이겠는가. 이를 축하하기 위해 떡을 찌고 술을 빚어 몇 날 며칠 축연을 베풀어도 과하다고 할 수 없을 것이다.

그러나 이러한 사제관계란 참으로 어렵고도 어려운 것 같다. 세상에 많고도 많은 것이 사제관계지만 스승이 스승답고 제자가 제자답기란 여간 쉽지 않다. 스승은 성의를 다해서 가르치려고 하는데 제자가 말을 듣지 않고 빗나간 경우가 얼마나 많은가. 세상의 모든 망종들은 다 스승의 가르침을 제대로 받아들이지 않았기 때문에 생겼다 해도 과언이 아니다. 그런가 하면 실력도 인격도 갖추지 못했으면서 월사금만 받아 챙기는 파렴치한 스승은 또 얼마나 많은가. 모르면 성의라도 있어야 하는데 그것마저 없이 그냥 시간만 때우고 나가는 사람을 스승이라고 해야 할지 어떨지 모르겠다. 요즘 세태를 일러 '선생은 있어도 스승은 없고, 학생은 있어도 제자는 없다.'고 하는데 이는 진정한 사제관계가 무너진 탓일 것이다.

남전의 평상심

남전 화상에게 조주가 물었다.

조주: "어떤 것이 도입니까?"

남전: "평상의 마음이 곧 도다."

조주: "어떻게 해야 거기에 갈 수 있습니까?"

남전: "그리로 가려고 하면 어그러지는 것이네."

조주: "그렇게 노력하지 않으면 어떻게 도를 알 수 있습니까?"

남전: "도는 알고 모르는 것에 속해 있는 것이 아닐세. 안다는 것은 망령된 깨달음이요, 모른다는 것은 뭐가 뭔지 몰라서 몽롱한 것일세. 만약 의심할 바 없는 도를 진짜로 알게 되면 아주 텅 빈 허공처럼 탁 트이고 넓으니 어찌 시비를 붙일 수 있겠는가."

조주는 이 말에 단박 깨달았다.

사족 — 더우면 부채질을 하라

'평상의 마음이 곧 도[平常心是道]'라는 명제는 중국에서 발흥한 조사선(祖師禪)의 핵심사상이다. 실로 조사선은 평상의 마음을 현실 속에서 구현하고자 하는 실천 수행의 방법이라고 해도 과언이 아니다. 그러면 이 '평상의 마음'이란 무엇인가. 평상심이란 번뇌 망념이 일어나기 전의 인간이 본래부터 가지고 있던 청정한 본래심을 말한다. 이 본래심은 평상심이라는 말에서 보듯이 일상생활 속에 잠재돼 있는 것이다. 우리는 일상생활 속에서 이 평상심을 회복해서 살면 된다. 어떻게 사는 것이 일상생활 속에서 평상심대로 사는 것인가. 중국 선종에서 평상심이라는 말을 가장 먼저 사용한 사람은 지금 이 얘기의 주인공인 남전 보원 선사가 아니다. 그의 스승인 마조 도일 선사다. 그가 남긴 유명한 설법 중에 이런 것이 있다.

"도란 닦아 익힐 필요가 없다. 오직 더러움에 물들지 않으면 된다. 어떤 것이 더러움에 물들지 않는 것인가. 나고 죽는다는 생각을 염두에 두고 일부러 별난 짓을 벌이는 것을 가리켜 더러움에 물든 것이라 한다. 단번에 도를 이루고자 하는가. 평상의 이 마음이 도인 것을 알라. 평상의 마음이란 어떤 것인가. 짐짓 꾸미지 않고, 이러니저러니 가치판단을 하지 않으며, 마음에 드는 것만을 좋아하지 않고, 단견과 상견을 버리며, 평범하다느니 성스럽다느니 하는 생각과 멀리 떨어져 있는 그런 마음이다."

요약하면, 도를 닦겠다는 생각을 하지 말고 평상의 마음만 유지하면 된다는 것이다. 여기서 평상심이란 글자 그대로 보통의 마음, 예사의 마음, 누구나 가지고 있는 소박한 마음을 말한다. 이 마음은 우리가 본래 구족하고 있는 자성청정심(自性淸淨心)이다. 그러므로 누구라도 일상에서 이 마음을 유지하면 그것이 바로 도라는 것이다. 지금 남전 화상이 조주에게 가르치고 있는 것도 바로 마조가 말했던 그 평상심이다. 그러니까 평상심의 사상적 계보는 마조에서 시작돼 남전을 거쳐 조주에게로 이어지고 있는 것이다.

그렇지만 이 평상심도 마조 화상이 특별히 만들어 낸 사상은 아니다. 이미 중국의 노장사상에 그 단초가 보인다. 일찍이 노자는 말하기를 '도를 도라고 말한다면 이미 도가 아니다[道可道 非常道]'라고 했다. 왜 그런가 하면 도는 언제나 평상의 상태 그대로인데 이미 도라고 하면 도의 참뜻이 왜곡된다는 것이다. 이러한 사상이 조사선 시대에 이르러 더 구체적으로 전개되기 시작했다. 다음의 몇 가지 선화(禪話)는 평상심과 도의 관계를 잘 설명해 준다.

어떤 납자가 장사 경잠(長沙景岑) 선사를 찾아와 "평상심이 도라 했는데 어떻게 마음 쓰는 것이 평상심입니까?" 하고 물었다. 선사는 "배고프면 밥 먹고, 졸리면 잠자는 것이다. 이것 외에 따로 도가 있는 것이 아니다."라고 말했다. 그가 더 자세하게 가르쳐 달라고 하자 선사는 "더울 때는 부채질하고 추울 때는 화로를 가까이하라."고 일러주었다.

송원의 혓바닥

송원(松源) 화상이 어느 날 이렇게 말했다.
"위대한 역량을 가진 사람이 무엇 때문에 가부좌를 풀고 일어나려고 하지 않는가?"
다시 말했다.
"입을 열었으면 혓바닥 위에 머물지 말라."

사족 — 일어나지 못하면 앉은뱅이다

좀 엉뚱한 얘기지만 석가모니 부처님은 처음 보리수 아래서 깨달음을 성취하고 난 뒤 자리에서 일어나 설법하기를 주저했다고 한다.
'내가 깨달은 이 법은 매우 깊어서 보기도 어렵고 이해하기가 어렵다. 적정(寂靜) 미묘해서 사유의 영역을 뛰어넘은 지자(智者)만이 이해할 수 있다. 그러나 이 세상 사람들은 그저 욕망을 기뻐하며 날 뛸 뿐이다. 이런 사람들에게 깊은 이치를 가르치기 어렵다. 모든 것은 상의성(相依性)이며 연(緣-조건)에 의해 일어난다. 반대로 모든 번뇌를 버리고 모든 소의(所依)를 버린다면 갈애는 끝나고 탐욕을 떠나 열반에 이를 수 있다. 만일 내가 이런 법을 가르쳐도 사람들이 내가 말하는 것을 이해하지 못한다면 나는 그저 피곤하고 곤혹스러울 뿐이다.'

부처님은 이와 같이 생각하고 설법을 주저했다. 이때 사바세계의 주인인 범천이 부처님의 심중을 헤아리고 범천세계에서 내려와 부처님 앞에 나타났다. 범천은 오른쪽 무릎을 땅에 대고 부처님을 향해 합장하며 이렇게 말했다.

"부처님이시여, 법을 설하소서. 이 세상에는 눈이 먼지로 가려져 있지 않은 사람도 적지 않습니다. 그러나 그들도 법을 듣지 못한다면 타락할 것입니다. 이 세상에는 법을 이해하는 자도 있을 것입니다. 그러하오니 이제 감로의 문을 열어 더러움에 물들지 않은 자가 깨달을 수 있는 법을 들려주소서. 대상(隊商)의 주인이시여, 이 세상 구석구석을 유행(遊行)하소서. 당신께서 법을 설하신다면 반드시 이해하는 사람이 있을 것이옵니다."

부처님은 범천의 권청(勸請)을 듣고 모든 중생에 대한 연민의 마음을 일으켜 불안(佛眼)으로 세상을 바라보았다. 그곳에 사는 사람들의 눈은 그늘이 많은 자도 있었고 적은 자도 있었다. 명석한 자도 있었고 아둔한 자도 있었다. 착한 모습을 가진 자도 있었고 악한 모습을 가진 자도 있었다. 가르치기 쉬운 자도 있었고 가르치기 어려운 자도 있었다. 그것은 마치 청련화, 홍련화가 서로 어우러져 피어 있는 연못과 같았다. 어떤 꽃은 물속에 살며 물속에 익숙하며, 물에서 나오지 않고 물속에 잠긴 채로 피어 있지만, 어떤 꽃은 수면까지 나와서 피어 있고, 또 어떤 꽃은 수면을 빠져 나와 물에 젖지 않고 피어 있는 것과 같았다. 그래서 부처님은 드디어 설법을 결심하고 이렇게 말했다.

"감로의 문은 열렸다. 귀 있는 자는 듣고 낡은 믿음을 버려라. 나는 그대들을 위해 이 묘법을 설하리라."

부처님은 마침내 자리에서 일어나 만인을 위해 법을 설했다. 그리하여 오늘의 불교가 탄생하게 되는 것이다.

좀 장황하지만 범천 권청의 설화를 인용한 것은 이유가 있다. 침묵으로 기울던 부처님이 일어나 설법한 까닭을 생각해 보자는 의미다. 부처님은 일신의 편안함보다 중생의 이익과 행복을 위해 설법을 결심했다. 그런데 '위대한 역량을 가진 도인[大力量人]'들은 어째서 앉은뱅이 신세를 탈피하지 못하느냐는 것이다. 지금 송원 숭악(松源崇嶽) 화상은 그것을 질책하고 있는 것이다. '입을 열었으면 혓바닥 위에 머물지 말라[開口不在舌頭上]'고 한 것은 풀어서 말하면 '입을 여는 것은 혓바닥만 보여 주기 위한 것이 아니다.'라는 말이다. 그런데 어째서 '지혜와 인격을 갖춘 사람임을 자처하면서 벙어리처럼 입만

벙긋거리고 설법은 하지 않는가?' 하고 되묻는 것이다.

  이 세상에서 온전한 개인이란 존재하지 않는다. 혼자 산속에 살더라도 하다못해 풀이나 새나 나무나 바위라도 관계를 맺어야 한다. 이 관계를 부정하면 선승의 깨달음도 무의미하다. 그러므로 깨달음의 공덕은 다시 세상으로 환원되어야 한다. 이를 불교에서는 회향(廻向)이라고 하지 않던가. 부처님도 그래서 설법하지 않았던가. 그러므로 '다리를 풀고 일어나지 않는 병[擡脚不起]'에 걸린 수행자는 '벼랑에서 손을 놓을 줄 알아야 한다.'는 말에 귀를 기울여야 한다.

  송원 화상의 준엄한 질책은 오늘의 한국불교 현실에도 그대로 적용된다. 좌선한다고 앉을 줄만 알고 일어날 줄 모르는 자는 앉은뱅이지 참다운 수행승이 아니다. 참다운 수행승이라면 무문이 쓰다 만 게송의 마지막 한 구절을 어떻게 채울지 고민해 봐야 할 것이다.

  할(喝)!

앙산의 사구백비

앙산 화상이 꿈에 미륵이 있는 곳에 가서 세 번째 자리에 앉았다.

그때 한 존자가 백추(白槌-수행자에게 무엇을 알릴 때에 나무 방망이로 나무 기둥을 쳐서 집중시키는 것 : 편집자 주)를 두드리면서 이렇게 말했다.

"오늘은 세 번째에 앉은 사람이 설법을 해야 할 차례입니다."

그러자 앙산이 일어나 백추를 두드리며 말했다.

"대승의 법은 사구(四句)를 떠나고 백비(百非)를 끊는 것이니 똑똑히 들으시오. 똑똑히 들으시오."

사족 — 노인과 병자가 천사다

《천사경(天使經)》이라는 불경에 이런 얘기가 있다.

어떤 사람이 죽어서 염라대왕 앞에서 재판을 받게 됐다. 염라대왕은 그의 이승 행적을 살펴보고는 지옥으로 가라고 판결했다. 그러자 죄인은 궁색한 변명을 했다. '진작 이럴 줄 알았으면 살아서 착한 일을 했을 텐데 왜 미리 가르쳐 주지 않았느냐.'는 것이었다. 염라대왕은 한심하다는 듯 혀를 차며 말했다.

"너는 이승에 살 때 부모와 노인과 병자와 시체와 죄수를 보지 못했는가? 그들이 내가 보낸 천사들이다. 너는 그들을 보고 깨달았어야 했는데 너무 늦은 것 같구나."

죄인이 무슨 뜻인지 몰라 어리둥절해하자 염라대왕은 이렇게 설명해 주었다.

"너는 부모가 어린아이를 길러 주는 것을 보았을 것이다. 어린아이는 아직 어리고 약해서 말도 제대로 못하고 자신의 똥오줌도 가리지 못한다. 부모는 그런 그를 안아 일으켜 목욕시키고 깨끗하게 해 주는 자비를 베푼다. 그런 부모를 보고도 착한 일을 하지 않고 악행을 저질렀다면 마땅히 갚음을 받아야 한다. 너는 이가 빠지고 머리가 희고 허리가 굽고 지팡이를 의지해 걸어가면서 몸을 벌벌 떠는 노인을 보았을 것이다. 그도 한때는 젊고 화려한 청춘을 자랑했으나 나이가 들어 수명이 다해 목숨이 끊어지려는 고통을 받는다. 그런 노인을 보고도 착한 일을 하지 않고 악행을 저질렀다면 마땅히 갚음을 받을 것이다. 너는 어떤 사람이 병들어 침대에 누워 있는 것을 보았을 것이다. 그도 한때는 건강을 자랑했으나 어느 순간 병이 들어 목숨이 끊어질 듯한 고통에 괴로워한다. 그런 병자를 보고도 착한 일을 하지 않고 악행을 저질렀다면 마땅히 갚음을 받을 것이다."

이 비유 설법은 저 혼자만 잘살아 보겠다는 이기심과 집착 때문에 죄짓고 살다가 끝내 나락으로 떨어지는 바보들을 깨우쳐 주기 위한 것이다. 그러나 잘났다고 하는 사람일수록 이런 비유를 우습게 여기고 멋대로 산다. 대승불교는 이런 사람들에게 다시 묻는다. 그렇다면 인생의 현실을 분석적으로 따져 보자는 것이다. 그래서 우리가 그토록 좋아하는 청춘과 사랑과 부귀와 공명과 영화라는 것이 정말로 집착할 만한 가치가 있는지 없는지 판단해 보자는 것이다. 그 이론적 도구가 바로 '사구백비(四句百非)'다.

사구백비란 유식하게 말하면 불교에서 존재를 인식하는 방법이다. 여기서 사구란 모든 존재에 대해 인간이 부여하는 인식의 기본 틀인 일(一)·이(異)·유(有)·무(無)를 말한다. '있다 없다[有無]'가 한 짝이고, '같다 다르다[一異]'가 다른 한 짝이다. 모든 판단과 사고는 이 범주를 중심으로 전개된다. 그러나 이 범주는 또한 모든 오해와 편견을 불러일으키는 원흉이다. 예를 들어 연필이 길다고 하면 그것은 무엇과 비교될 때만 길다. 짧다고 해도 마찬가지다. 연필은 분필보다는 길지만 지팡이보다는 짧다. 이렇게 길고 짧은 것은 다 상대적인 것이다. 거기에 절대적인 가치를 부여할 수 없다. 그럼에도 중생들은 항상 이런 것에 절대적인 가치와 의미를 부여하려고 한다. 대승불교는 이것을 하나하나 논리적으로 분쇄해 나간다.

대승불교의 사구백비론을 주의 깊게 살피다 보면 도달하게 되는 결론은 딱 한 가지다. 그동안 우리가 믿어 왔던 유가치한 일이 모두 무가치하다는 것이다. 실로 이 세상의 어떤 것도 결코 영원하거나 유가치한 것이 아니다. 그것은 반드시 변하고 소멸하는 것이다. 거기에 집착하면 집착할수록 수렁에 빠진 듯이 벗어날 길만 막막해진다. 여기서 벗어나는 길은 하나뿐이다. 모든 것은 변하는 것이며, 변하는 것은 무가치한 것임을 깨달음으로써 집착에서 벗어나 참다운 자유를 얻는 것이다. 이것이 해탈이고, 사구백비가 의도하는 최종 목표다.

부음을 받는 날은
내가 죽어 보는 날이다

관 하나 만들어 그 속에 들어가
눈을 떠 보기도 하고 감아 보기도 하고

화장막 아궁이 그 너머
푸른 연기 뼛가루도 뿌려 본다

— 졸시(拙詩) 〈내가 죽어 보는 날〉

세존의 채찍

세존에게 한 외도가 찾아와 물었다.

"말씀을 해도 좋고 안 해도 좋으니 가르쳐 주십시오."

그러나 세존은 말없이 그대로 앉아 있었다. 이를 본 외도가 찬탄하며 말했다.

"세존께서는 대자대비하셔서 나의 미혹한 마음의 구름을 다 걷어 내시고 저로 하여금 깨달음에 이르게 해 주셨습니다."

그러고는 예의를 갖춰 인사한 뒤 돌아갔다.

아난존자가 이를 보고 세존에게 물었다.

"외도가 무엇을 증득했기에 저렇게 찬탄하고 갔습니까?"

세존은 이렇게 대답했다.

"세상에서 가장 좋은 말은 채찍의 그림자만 보고도 달릴 줄 아는 말이다."

사족 — 가르칠 것인가, 함께 느낄 것인가

사람이란 말이 아니면 생각을 나타낼 방법이 없고, 말이 아니면 의견을 교환할 방법이 없다.

이 세상은 말이 지배한다고 해도 과언이 아니다. 언어나 문자가 없는 세상은 암흑천지다. 전화도 걸 수 없고 편지도 쓸 수 없고 학문도 할 수 없다. 더 나아가서는 언어나 문자로 표현되지 않는 것은 어떤 것도 진리라고 할 수 없다. 석가모니가 아무리 훌륭한 진리를 깨달았다고 해도 그것은 언어로 표현돼야 한다. 그렇지 않고서는 그것이 진리인지 아닌지 알 수 없다. 또 그 진리를 문자로 기록해 오늘까지 전해 주지 않았다면 그런 것이 있는지조차 몰랐을 것이다. 불교에서도 언어는 매우 중요한 의미를 갖는다. '진리는 언어문자를 떠난 것'이기는 하되 '언어에 의지해야 진리가 드러난다'는 것이 불교의 언어에 대한 견해이다.

그러나 언어나 문자는 사물이나 사건의 본질을 다 표현해 주지는 않는다. 구름 걸린 설악산 봉우리와 솔향기 가득한 골짜기의 맑은 바람소리를 어떤 시인묵객이라서 다 그려 낼 수 있겠는가. 밤새도록 울어 대는 동해의 깊은 해조음을 어떤 작곡가라서 다 음보(音譜)에 담을 수 있겠는가. 그것은 인간의 능력과 한계를 뛰어넘는 일이다. 인간의 의사소통 수단인 문장이나 그림으로는 설악산이나 동해의 그 참다운 모습을 다 담아 내기가 애당초 불가능하다. 그래서 일찍이 신라의 원효 스님은 진리의 참된 본성은 "말로써 설명할 수 있는 것이 아니며, 문자나 개념으로 알려질 수 있는 것도 아니며, 분석적 사변으로도 닿을 수 없다."고 갈파했다. 모든 말과 표현들은 실체 그 자체가 아니라 그 실체를 보여 주기 위해 빌려 쓴 수단에 불과하다는 것이다. 그런 까닭에 부처님은 45년 동안 8만 4천의 방편설법을 하시고도 "한 마디도 말한 바 없다[一字不說]."고 했다. 개념화된 말로써는 천변만설(千辯萬說)를 쏟아 낸다 하더라도 진실 그 자체를 표현하기가 어렵다는 뜻을 토로한 것이다.

그러면 어떻게 해야 하는가. 세존을 찾아온 외도(外道-불법을 믿지 않는 이단 사상가 : 편집자 주)는 지금 말[有言]이나 침묵[無言]을 떠난 상태에서 진리를 설명해 달라고 요구하고 있다. 그렇지만 말을 떠나면 진여를 나타낼 수 없고, 말 또한 진여를 다 표현할 수가 없는 것인데 이 두 가지에 의지하지 않고 무슨 수로 진여의 모습을 제대로 설명할 수 있을 것인가. 이것이 이 문답의 핵심 주제다.

그런데 이에 대한 세존의 대응은 참 밋밋하다. 그냥 그대로 앉아 있었다[世尊據座]는 것이다.《벽암록》65칙에도 같은 질문이 있는데 거기에도 '한참 동안 묵묵히 있었다[良久]'고만 돼 있다. 그러자 외도는 말뜻을 알아채고 감사의 인사를 드렸다고 한다. 이건 또 무슨 이상한 연극인가. 그러나 이것은 연극도 아니고 어려운 것도 아니다. 알고 보면 참 쉽다.

나는 설악산으로 찾아온 손님에게 경치를 설명하지 않는다. 말[有

言]이나 침묵[無言]으로 설명하려고도 하지 않는다. 그저 같이 산중을 걸으며 푸른 뫼 뿌리를 같이 보고, 백담계곡의 물소리를 같이 듣고, 같이 솔향기도 맡고, 옹달샘 물을 같이 마셔 보고, 골짜기에서 내려오는 바람을 직접 느낀다. 달이 뜨면 달을 보고, 별이 뜨면 별도 본다. 다음 날 아침에는 상쾌한 산중 공기도 마시고 다시 산 위로 흘러가는 구름도 쳐다본다. 그러다 보면 손님은 "아, 설악산은 정말 좋습니다." 하고 감탄한다. 지금 부처님을 찾아온 외도도 그와 같은 사람이다.

달마의 안심(安心)

달마 대사가 면벽을 하고 있을 때였다.

이조 혜가는 눈 속에 서서 팔을 자르고 이렇게 말했다.

"제자의 마음이 편안하지 않습니다. 스님께서 제 마음을 편안하게 해 주십시오."

대사가 말했다.

"그 마음을 가져오면 내가 너를 편안케 해 주리라."

혜가가 다시 말했다.

"그 마음을 아무리 찾아도 찾을 수가 없습니다."

이에 대사는 이렇게 말했다.

"내가 벌써 너의 마음을 편안하게 해 주었다."

사족 — 그 무엇도 우리를 불안하게 할 수는 없다

혜가가 팔을 잘라서 도를 구한 단비구법(斷臂求法)의 이야기는 여러 종류의 자료에 상세하게 언급돼 있다. 매우 충격적이고 중요한 사건이기 때문일 것이다. 그래서 이 사건이 일어난 날까지 기록돼 있다.

그것은 달마대사가 양무제(梁武帝)를 만난 뒤 숭산의 소림굴에서 9년간 면벽 중이던 태화 10년 12월 9일 밤이었다. 《전등록》과 《조당집》을 중심으로 이 사건을 다시 구성해 보면 다음과 같다.

혜가의 이름은 원래 신광(神光)이었다. 오랫동안 낙양에 살면서 노장학을 공부하고 다시 대·소승 경전을 독파한 지식인이었다. 그는 매양 이렇게 탄식하며 지냈다.

"공자의 교리는 예절과 법규를 말하고, 노자는 풍류와 술수를 말한다. 장자와 주역 따위의 글은 아직 묘한 이치를 다 말하지 못하고 있다. 요사이 들으니 달마 대사라는 이가 소림에 계시는데 찾아오는 사람도 맞이하지 않고 현묘한 경지에 이르렀다고 한다. 언젠가 그에게 가서 배우리라."

당시 달마 대사는 잠자코 앉아만 있었기 때문에 사람들은 그를 벽관바라문(壁觀婆羅門)이라고 불렀다. 그가 이런 달마를 마음에 둔 것은 지식의 한계를 절감했기 때문이었다. 소림굴로 찾아간 신광은 조석으로 스승을 섬겼으나 아무런 가르침도 받지 못했다. 그는 어느 날 '옛사람은 목숨을 바쳐 도를 구했다고 하니 나도 그렇게 하리라.'고 결심했다. 마침 그날은 큰 눈이 내렸다. 신광은 가르침을 기다리며 굴 밖에서 꼼짝하지 않고 서 있었다. 새벽녘이 되자 눈은 무릎까지 쌓였다. 그제야 달마 대사가 신광에게 눈길을 주었다.

"그대는 밤새도록 눈 속에 서서 무엇을 구하는가?"

"바라건대 감로의 문을 열어 중생을 구제하여 주소서."

"부처님이 위없이 묘한 도를 얻은 것은 여러 겁을 부지런히 정진하여 행하기 어려운 일을 행하고 참기 어려운 일을 참았기 때문이다. 어찌 작은 공덕과 작은 지혜와 경솔한 마음과 교만한 마음으로 참된 법을 얻기 바라는가?"

신광은 이 말을 듣고 칼을 꺼내 왼팔을 잘라 신표(信標)로 삼아 달마 대사에게 바쳤다. 대사는 신광이 법기(法器)임을 알고 드디어 그를 인정했다.

"부처님들도 처음 도를 구할 때는 법을 위해 몸을 던졌다. 네가 이제 내 앞에 팔을 내놓으니 가히 인정할 만하다. 이제부터는 이름을 혜가(惠可)라고 하라."

"저에게 부처님의 법인(法印)을 가르쳐 주십시오."

"부처님의 법인은 남에게 얻는 것이 아니다."

"저의 마음이 편치 못하니 스승께서 편안하게 해 주십시오."

"그 불안한 마음을 가져오너라. 내가 편안하게 해 주리라."

"마음을 찾아도 찾을 수가 없습니다."

"내가 이미 너의 마음을 편안하게 하였다. 너는 보는가?"

혜가는 드디어 깨닫고 다시 물었다.

"오늘에야 모든 법이 공적(空寂)하고 보리(菩提)가 멀리 있는 것이 아님을 알았습니다. 이 법을 어떻게 전해야 하는지요."

"나의 법은 마음으로써 전하고[以心傳心] 문자를 세우지 않느니라[不立文字]."

이것이 단비구법의 온전한 줄거리다. 그런데 현대 학자들이 연구한 바에 의하면 이 이야기 중 팔을 자른 장면은 후대에 만들어졌을 가능성이 크다고 한다.《속고승전》에는 혜가가 도적에게 팔을 잘린 이야기가 나온다. 그런데 선종의 역사서인《전법보기(傳法寶紀)》와 그 이후의 자료는 한결같이 도를 구하기 위해 팔을 자른 '구법의 이야기'로 승화시키고 있다. 어느 것이 맞는지는 확인할 수 없지만 현대 학자의 연구가 터무니없는 것이라고는 생각하지 않는다. 불교는 아무리 도를 얻기 위해서라고 해도 육체적 공희(供犧)를 훌륭한 것이라고 말하지 않는다. 경전에 보이는 '도를 위해 몸을 바친다'는 설화는 상징이지 실제가 아니다. 그것은 고행을 비판하고 중도 수행을 권장한 부처님의 말씀을 보아도 짐작할 수 있다.

혜가가 도를 위해 팔을 자르지 않았다고 해서 그의 구도정신이 격하되는 것은 아니다. 또 이 선문답에서 말하고자 하는 '불안한 마음'

의 문제가 절박성이 떨어지는 것도 아니다. 달마 대사 안심법문(安心法門)의 초점은 '불안한 마음이란 실체가 없다'는 사실을 확인시켜 주는 데 있다. 우리를 불안하게 하는 요인은 그 근원을 따져 보면 아무것도 없다. 공(空)이요 무(無)다. 삼라만상이 일체개공(一切皆空)인데 무엇이 두렵고 불안할 것이 있겠는가. 달마는 이런 마음을 체득하면 편안해진다고 가르친 것이다.

이 세상에 태어난 사람 치고 죽지 않는 사람이 어디 있는가. 죽음이란 나에게만 오는 것이 아니고 누구에게나 다 오는 것이다. 언젠가는 죽어야 할 몸이다. 이렇게 생각하면 '개인적이고 현실적이며 결코 상대화할 수 없는 실존 인간'이 겪어야 하는 '죽음의 불안'도 그렇게 겁나는 것만은 아니다.

삶이 불안하고, 내일이 불안하고, 죽음이 불안한가? 혹시 이런 시를 한 편 읽으면 위로가 될지 모르겠다.

> 남산 위에 올라가 지는 해 바라보았더니
> 서울은 검붉은 물거품이 부걱부걱거리는 늪
> 이 내 몸 그 늪의 개구리밥 한 잎에 붙은 좀거머리더라
>
> — 졸시 〈이 내 몸〉

오조의 노예

동산에 있던 오조(五祖) 법연(法演) 화상이 이렇게 말했다.
"석가와 미륵이 도리어 그 사람의 노예와 같다. 한번 말해 보라. 그 사람이 누구인가?"

사족 — 하루를 살아도 인생의 주인으로

이 이야기는 《종문무고(宗門武庫)》라는 책에 온전한 줄거리가 나오는데 소개하면 다음과 같다.

화주의 지각(智覺) 스님은 처음에는 법수(法秀) 화상 밑에서 수행을 했는데 크게 얻은 바가 없었다. 뒤에 오조산의 법연 선사 이름을 듣고 찾아갔다.

하루는 오조 법연 화상이 방장실에서 지각에게 질문했다.

"석가나 미륵도 저 사람의 노복이라고 한다. 자, 말해 보라. 저 사람이란 누구인가?"

지각은 '길거리에서 보는 평범한 사람[胡張三黑李四]'이라고 대답했다. 오조 화상은 고개를 끄덕이며 수긍했다.

당시 오조 법연 화상 밑에는 원오(圜悟) 선사가 수좌로 있었는데 오조 화상이 이 말을 일러주자 그는 이렇게 말하는 것이었다.

"지각의 대답이 괜찮기는 하지만 아직은 빈 구석이 있는 것 같습니다. 간과해서는 안 되는 일이니 자세히 살펴 주시는 것이 좋겠습니다."

이튿날 지각이 들어오자 화상은 어제와 똑같은 질문을 했다. 지각이 "어제 화상에게 다 말씀드렸다."고 하자 법연 선사는 짐짓 "무엇이라고 했더라?" 하고 물었다. 지각이 '길거리에서 보는 평범한 사람'이라고 하자 화상은 "아니지. 아니야!" 하고 부정하는 것이었다. 지각은 "어째서 어제는 옳다고 수긍하셨습니까?"라고 따졌다. 법연 화상은 "어제는 옳았지만 오늘은 틀렸네."라고 했다. 지각은 이 말에 크게 깨달았다.

똑같은 대답인데 어제는 '맞다'고 하고 오늘은 '틀리다'고 한 것은 조주가 행각하던 시절 어떤 암주를 찾아가서 문답을 하던 이야기와 비슷하다. 그때 조주는 두 군데를 찾아가 "안에 누구 계신가?" 하고 물었는데 암주는 주먹을 세워 보였다. 이에 대해 한 군데서는 "물이 얕아서 배를 댈 수 없다."고 하고, 한 군데서는 "마음대로 죽였다 살렸다 한다."며 절을 했다고 한다.

이런 얘기를 듣다 보면 선사들은 변덕쟁이가 아닌가 싶기도 하고 이상한 노인들이라는 생각이 들기도 한다. 선사들이 그렇게 말한 것은 장난꾸러기여서가 아니다. 서울 가는 길을 물었을 때 똑같이 북쪽을 가리켜도, 알고 하는 말과 모르면서 대충 얼버무리는 말은 다르다. 선의 스승들은 바로 그것을 간파하고 어떤 때는 틀렸다 하고 어떤 때는 맞았다 하는 것이다. 그러면 지각의 대답은 과연 어디가 맞고 어디가 틀린 것인가.

지금까지 모든 종교는 인간의 운명을 설명함에 있어 대체로 다음 세 가지 입장을 취해 왔다. 즉 모든 것은 하늘의 별자리나 사주팔자에 의해 숙명적으로 결정돼 있다거나[宿命論], 전지전능한 신의 뜻에 의해 예정돼 있다거나[神意論], 아무 원인과 조건도 없이 그저 우연으로 이루어졌다[偶然論]는 것이다. 그러나 불교는 그렇게 가르치지 않는다. 만약 일체의 행위가 숙명적이거나 신의 뜻이라거나 또는 우연이라고 말한다면 인간은 아무것도 해야 할 것이 없어진다. 아무리 발버둥을 쳐도 사주팔자가 그렇게 되어 있다면, 아니면 신이 그런 뜻을 가지고 있다면, 또는 만사가 우연의 소치라고 한다면 다 소용없는 일이다. 공부를 열심히 할 이유도, 밤새 일할 이유도 없다. 도덕적으로 책임질 일도 없다. 그저 앉아서 신의 뜻이나 운명의 손을 기다리기만 하면 된다. 어떤 절대적 타자(他者)가 그렇게 만들어 줄 것이기 때문이다. 그렇지만 이것이 말이나 되는 소리인가.

불교는 그렇게 가르치지 않는다. 내가 만든 원인과 조건에 의해 결정된다고 말한다. 이를 업보론(業報論)이라고 한다. 나의 자유의지에 의해 인생의 문제가 좌우된다는 것이다. 비유로 말한다면 그대가 지금 이 지루한 책을 읽을 것인지 말 것인지는 순전히 그대의 자유의지에 의해 판단하고 결정하는 것이다. 그러므로 그 행위에 대한 책임도 스스로 져야 한다.

그러나 사람들은 그렇게 생각하지 않는다. 모든 책임을 다른 데로 떠넘기려고 한다. 이것이야말로 노예의 삶이 아니고 무엇인가. 이것이야말로 비주체적인 생각이요, 어리석은 믿음[迷信]이다. 불교는 이런 미신에서 벗어날 것을 강조한다. 자기 인생을 자기가 주인이 되어 살아야 한다는 것이다. 석가도 미륵도, 하나님도 알라도 다 소용없다. 내 인생은 내 것이다. 이런 자각을 가지고 살아야 한다. 그것이 속박에서 벗어나는 길[解脫]이요, 진정한 행복의 길[涅槃]이다.

그런데 길거리의 사람들[十字街頭人]도 가만히 살펴보면 사실은 이렇게 주체적인 인생을 사는 사람이 대부분이다. 그들은 열심히 일하고, 때로는 싸우기까지 하며 살아간다. 자기 운명을 사주팔자에 맡기지 않고, 신의 손아귀에도 맡기지 않고, 그렇다고 우연에도 돌리지 않고 자기 책임 아래 살려고 한다. 그러니 길거리에서 만나는 장삼이사(張三李四)의 보통사람들이 사실은 다 석가나 미륵을 노복으로 삼고 사는 자가 아니고 무엇이겠는가. 그러나 이것이 전부는 아니다. 자세히 보면 아직은 무엇인가 덜 떨어진 데가 많은 게 사실이다. 일이 조금만 마음대로 안 되면 부르르 화를 내거나, 무엇인가에 핑계를 대거나, 누군가가 나를 못살게 군다고 생각하고 원망하는 마음을 갖는다. 왜 점집이 점점 늘어나고, 교회와 절이 번창하고, 재판소가 문을 닫지 않는 것인가. 진정으로 책임지는 자유인의 삶을 사는 사람이 적기 때문이다.

불교의 선사들이 깨우쳐 주고자 하는 것은 피동적이고 노예적인 인생이 아니라 능동적이고 주체적인 인생을 살아야 하루를 살아도 사는 것 같은 인생이라는 것이다. 오조 법연 선사가 깨우쳐 주고자 하는 것도 이런 것이다. 겉으로 보니 잘살기는 하는 것 같은데 속은 아직 아니라는 것이다. 어제는 맞고 오늘은 틀렸다고 한 것은, 친절하고 길게 설명하지 않았다뿐이지 내용은 이것이다.

그러면 어떻게 하는 것이 하루를 살아도 자기 인생의 주인으로 사는 것인가. 이에 대해서는 무문이 아주 좋은 방도를 내놓았다. "남의 활을 쏘지 말라, 남의 말을 타지 말라, 남의 잘못을 밝히지 말라, 남의 일을 알려고 말라."는 것이 그것이다. 앞의 두 개는 사물에 대한 것이고 뒤의 두 개는 마음 씀씀이에 관한 것이다. 이것은 당시 중국의 민간에서 널리 회자되던 속담이라고 한다. 무문은 이 속담 속에 하인에서 벗어나 주인으로 살아가는 길이 있다고 본 것이다.

이 네 가지 속담은 새겨들을수록 옳은 말이다. 남의 물건에 욕심

부리고 손대서 좋을 일이 없다. 분수에 넘는 것을 욕심 부리거나 옳지 않은 방법으로 차지하려다 보면 끝내 화가 자기에게 미친다. 자기가 능숙하게 다룰 수 없는 것은 가져 봐야 짐이 된다. 남과 잘잘못을 따지는 것이나 남의 비밀을 알려고 하는 것도 신사다운 몸가짐이 아니다. 남의 잘잘못을 다 따지다가는 남아날 사람도 없거니와 그러다가는 십중팔구는 시비에 말려든다. '좋은 일도 없는 것만 못하다'고 했는데 하물며 좋지 못한 일에 발을 담그면 그 장래가 어찌 되겠는가. 사람들이 이것만이라도 깨닫고 제대로 실천한다면 복잡한 길거리에서 잃어버렸던 아버지를 찾은 것처럼 그에 대해서는 더 이상 물어 보지 않아도 믿을 만하다고 할 것이다.

송(頌)

남의 활을 쏘지 말라.

남의 말을 타지 말라.

남의 잘못을 밝히지 말라.

남의 일을 알려고 말라.

머리말

대부분의 사람들은 각자가 쳐 놓은 지식의 울타리 속에 갇혀 산다. 그들은 울타리 밖의 세계를 알지도 못하고 알려고 하지도 않는다. 그러나 한 발자국만 문밖을 나서면 거기에는 참으로 넓고 무한한 세계가 있다. 아무리 뛰어가도 땅 끝에 닿을 수 없고, 아무리 욕심을 내도 다 잡을 수 없는 허공과 같은 대자유의 세계가 있다.

사람들이 문밖에 펼쳐져 있는 대자유의 세계로 나가지 못하는 것은 울타리 속의 소아(小我)에 집착하기 때문이다. 불교의 선(禪)은 이 소아의 울타리에 갇혀 있는 사람들을 대아(大我)의 세계로 나아가게 한다. 허울과 상식에 얽매여 뒤틀리고 왜소해진 사람들에게 옹졸하지 않고, 허심탄회하며 솔직담백한 삶이 무엇인지를 깨닫게 해 준다.

우주질서와 하나가 되는 무애자재한 해탈의 세계를 유유자적하면서 참다운 자유의 삶이 어떤 것인지를 보여 주는 사람들이 바로 불교의 선사(禪師)들이다. 그들의 말과 행동은 인위적 지식에서 나온 것이 아니라 우주질서와 일체가 된 체험적 지혜에서 나온다. 그러므로 선사들의 삶과 일거수일투족은 그 자체가 구름이고 바람이고 물결이다.

 선사들의 행주좌와(行住坐臥)와 어묵동정(語黙動靜)은 어느 것 하나 예사롭지 않은 것이 없다. 선사들의 침묵 속에는 천지를 무너뜨리는 천둥소리가 들어 있고 그들의 무심한 한마디에는 우주를 탄생시키는 약동하는 생명이 들어 있다. 만상(萬象)을 한꺼번에 부숴 버리는 마른하늘의 번개 같은 칼날이 번득이는가 하면, 돌부처도 웃음 짓는 천진무구한 몸짓이 있다. 선사들의 이러한 말과 몸짓은 우리들의 낡은 인습과 무지를 타파하는 신선한 가르침이다. 선사들의 매력은 바로 여기에 있다.

 이 글은 섬광과 같은 지혜로 절대무한의 탁 트인 대자유의 세계를 열어 보인 한국·중국·일본 선사들의 선화(禪話)를 한자리에 모아 놓은 것이다. 제1부 〈중국 선사편〉은 인도에서 심법(心法)을 가지고 왔던 달마 대사로부터 명나라 말까지, 제2부 〈한국 선사편〉은 삼국시대로부터 현재까지, 제3부 〈일본 선사편〉은 가마쿠라(鎌倉) 시대부터 메이지(明治) 시대까지의 이야기가 나라별 시대 순으로 배열되어 있다. 여기에 소개되는 선화는 일반 대중이 좀처럼 이해하기 힘든 화두(話頭)와 같은 선문선답이 아니라 누구나 선의 세계에 쉽게 접근할 수 있는 실천적인 선문선답(禪問禪答)들이다. 따라서 아무 곳이나 펴서 읽다 보면 스스로 마음에 '딱' 하고 와 닿는 재미있는 이야기로 가득하다.

널리 알려진 사실이지만 이미 서양에서는 물질의 풍요 속에 황폐해져 가는 인간의 마음을 불교의 선수행으로 극복하려는 움직임이 널리 확산되고 있다. 특히 불교의 선문선답을 정신치료법으로 사용하는 예가 늘어나고 있음은 주목할 만한 일이다. 이는 인간의 황폐해진 정신세계를 선으로 극복하고 있음을 보여 주는 실증적 예가 아닐 수 없다.

이 글을 읽는 독자들도 단순한 지식의 축적이 아니라 마음속에 깊이 뿌리내리고 있는 집착과 욕망, 편견과 무지를 일거에 무너뜨리고 살아 있는 삶의 지혜를 터득하는 기회를 갖게 된다면 엮은이로서는 더 이상 바랄 바가 없겠다.

【중국 선사편】

누가 그대를 속박했는가
— 감지 승찬(鑑智僧璨)

중국 선종의 제3조인 승찬(僧璨-?~606) 대사는 가계(家系)가 분명하지 않다. 혜가 대사에게서 법을 이어받은 후 서주(西周)의 환공산(晥公山)에 은거하였다. 후주(後周)의 무제(武帝)가 불교를 탄압할 때는, 일정한 주거지 없이 태호현(太湖縣)의 사공산(司空山)을 왕래하며 사람들 모르게 10여 년을 지냈다.

승찬 대사가 많은 대중들을 모아 놓고 설법할 적에 한 사미가 있었다. 나이는 겨우 14세이고 이름은 도신(道信)이라 했다.
도신이 승찬 대사 앞에 나와 절을 하고 물었다.
"어떤 것이 부처의 마음입니까?"
이때 승찬 대사가 되물었다.

"그대의 지금 마음 상태는 어떠한가?"

"저는 지금 무심(無心)입니다."

"그대가 무심이라면 부처님에게 무슨 마음이 있겠느냐?"

승찬 대사의 말이 끝나자 도신은 다시 이렇게 말했다.

"스님, 저에게 해탈(解脫)의 법을 일러주십시오."

승찬 대사는 다시 되물었다.

"그대를 속박하는 이가 있는가?"

"아무도 속박하는 사람이 없습니다."

"아무도 속박하는 사람이 없다면 그대는 해탈한 사람인데 어째서 해탈을 구하는가?"

도신은 이 말에 크게 깨달음을 얻고 스승 곁에 8, 9년 동안 있다가 길주(吉州)로 가서 구족계를 받고 돌아왔다. 이때 승찬 대사가 도신에게 법을 전해 줄 것을 선언하고 다음과 같은 게송을 읊었다.

> 꽃은 땅을 인연하여 피어난다.
> 땅에서 꽃이 피기는 하지만
> 씨를 뿌리는 이가 없으면
> 꽃이 피어날 수가 없다.

승찬 대사는 수양제(隋煬帝)의 대업(大業) 2년(606)에 입적했다. 그 후 당나라 현종이 감지(鑑智) 선사라는 시호를 내렸으며, 탑호(塔號)

를 각적(覺寂)이라 하였다.

그가 남긴 저술에는《신심명(信心銘)》이라는 명저가 있다.《신심명》에는 그의 선 사상이 단적으로 명확하게 드러나 있다. 서두에 '지도무난 유혐간택(至道無難 唯嫌揀擇)'이란 구절이 나오는데 "지극한 도는 걸림이 없다. 오직 시비를 가리는 것을 싫어한다."는 뜻이다.

요즘 시장의 쌀값이 얼마이더냐
— 청원 행사(靑原行思)

청원(靑原-?~740) 선사는 당나라 때 길주(吉州-江西 吉安) 사람으로 속성은 유(劉) 씨이며 법명은 행사(行思)이다. 청원은 그의 호이다. 일찍 출가하여 6조 혜능 대사의 법을 이어받고 상수 제자가 되었다. 뒤에 길주의 청원산(靑原山) 정거사(靜居寺)에 있으면서 크게 종풍(宗風)을 일으켰다. 남악 회양(南嶽懷讓)과 더불어 혜능의 2대제자로 손꼽혔다.

청원 선사가 정거사에 있을 때 희천(希遷) 스님이 찾아오자 그에게 물었다.
"어디서 왔는가?"
"조계(曹溪)에서 왔습니다."
"무엇을 얻으러 왔는가?"
"조계에 가기 전에도 잃은 것이 없습니다."

"그렇다면 조계에는 무엇 하러 갔었나?"

"조계에 가지 않았으면 잃지 않는 줄을 모를 뻔했습니다."

이번에는 희천 스님이 물었다.

"조계 대사께서도 선사를 아셨습니까?"

이 말에 청원 선사는 고개를 끄덕이며 말했다.

"여러 짐승의 뿔이 많지만 기린의 뿔 하나로 만족한다."

이 말에 희천을 자신의 수제자로 삼겠다는 뜻이 들어 있었다.

어떤 스님이 찾아와 물었다.

"불법의 대의(大義)는 무엇입니까?"

청원 선사가 대답했다.

"요즘 시장의 쌀값이 얼마이더냐?"

하루 일하지 않으면 하루 먹지 말라
— 백장 회해(百丈懷海)

　백장(百丈-720~814) 선사는 복주(福州) 장락현(長樂縣) 사람으로 성은 왕(王) 씨, 법명은 회해(懷海)이다. 15세 때 출가하여 경·율·논을 익힌 다음 남강(南崗)에서 크게 선풍을 드날리고 있던 마조 도일(馬祖道一) 문하에 들어가 깨달음을 얻고 그의 법을 이었다.

　백장 선사가 위산(潙山)과 더불어 일을 하다가 물었다.
"불(佛)이 있는가?"
위산이 대답했다.
"있습니다."
"어디에 있는가?"
위산이 나뭇가지 하나를 들고 두어 번 분 뒤에 선사에게 바치니 선사가 말했다.
"벌레가 나뭇잎을 먹고 있군."

백장 선사가 남창부(南昌府)의 대웅산(大雄山) 즉, 백장산(百丈山)에 있을 때 어떤 스님이 찾아와서 다음과 같이 물었다.

"요즘 뭐 고마운 일이라도 있습니까?"

백장 선사가 쳐다보지도 않고 대답했다.

"나는 여전히 대웅봉(大雄峯) 위에 앉아 있다."

그러자 그 스님은 무엇을 고맙게 여겼는지 넙죽 절을 했다. 이때 백장 선사가 서슴없이 뺨을 후려갈겼다.

백장 선사는 《백장청규(百丈淸規)》를 제정한 것으로 유명하다. 선가(禪家)의 온갖 직책에서부터 식사에 이르기까지 여러 규율이 선사에 의해 만들어졌다고 할 수 있다. 그리고 '일일부작 일일불식(一日不作 一日不食)'이라는 유명한 말을 남긴 것도 역시 백장 선사이다.

백장 선사가 90세가 되어서도 다른 사람들처럼 일을 하므로 어느 날 주위에서 농기구를 감추어 버렸다. 그러자 선사는 "하루 일하지 않으면 하루 먹지 않는다."며 종일 굶었다. 이 말이 천하에 퍼져 지금까지도 많은 인구에 회자되고 있다.

그대의 방법은 무엇인지를 이르라
— 서당 지장(西堂智藏)

서당(西堂-735~814) 선사는 건주(虔州), 즉 강서성의 감현 사람이다. 속성은 료(廖) 씨이며 법명은 지장이다. 8세 때에 스승을 따라 가서 20세 때 수계(受戒)하였다. 어려서부터 용모가 범상치 않아 한 관상가가 "그대의 기골(氣骨)은 비범하여 틀림없이 법왕(法王)의 보좌가 될 것이다."라고 했다고 한다. 그 당시 불적암(佛迹庵)에서 교화를 떨치고 있던 마조 도일(馬祖道一)의 문하에 들어가 그의 법을 이었다.

어느 날 한 속인이 서당 선사를 찾아와서 물었다.
"극락과 지옥이 있습니까?"
"있지."
"불보(佛寶)·법보(法寶)·승보(僧寶)는 있습니까?"
"있지."
그 밖에 여러 가지를 물었으나 모두 있다고 대답했다.

"묻는 것마다 '있다'고 하시면 틀리지 않습니까?"

이에 선사가 되물었다.

"그대는 전에 다른 스승에게 배운 적이 있는가?"

"예, 저는 경산(徑山) 선사에게서 공부를 한 적이 있습니다."

"그래, 경산 선사는 그대에게 뭐라고 가르치던가?"

"경산 선사께서는 모든 것은 '없다'고 하셨습니다."

이에 선사는 다시 되물었다.

"그대는 처자식이 있는가, 없는가?"

"아내와 두 자식이 있습니다."

"경산 선사는 아내가 있던가, 없던가?"

"없습니다."

이 말이 끝나자 서당 선사는 꾸짖는 투로 말했다.

"그것 봐라, 경산 선사가 '없다'고 한 것은 맞는 얘기가 아니냐."

이에 그 속인은 문득 깨달음을 얻고 절을 한 뒤 물러났다.

하루는 서당 선사가 스승 마조의 심부름을 가게 되었다. 편지를 혜충 국사에게 전하는 일이었다. 길을 가다가 천사(天使-황제의 사자)를 만났다. 천사가 억지로 공양을 같이 하자고 하여 공양을 하고 있는데 당나귀가 히힝 하고 울었다. 천사가 서당 선사를 놀려 주려고 나귀를 보며 말했다.

"예끼, 이놈의 중이."

선사가 천사를 바로 보니 손가락으로 나귀를 가리키고 있다.

이에 서당 선사는 천사를 바로 보며 말했다.

"이놈의 당나귀가!"

천사는 꼼짝 못했다.

서당 선사가 혜충 국사의 처소에 이르자 국사가 물었다.

"그대 스승은 어떤 법을 가르쳐 주던가?"

서당 선사가 동쪽에서 서쪽으로 가서 서니 혜충 국사가 다시 물었다.

"그것뿐인가? 아니면 또 있는가?"

서당 선사는 말없이 다시 동쪽으로 가서 섰다.

그러자 혜충 국사가 말했다.

"그것은 마조의 방법이다. 그대의 방법은 무엇인가?"

서당 선사가 입을 열었다.

"이미 다 아뢰었습니다."

구름은 하늘에 있고
물은 병 속에 있다
― 약산 유엄(藥山惟儼)

약산(藥山-751~834) 선사는 산서성 강주(絳州) 사람으로 속성은 한(韓) 씨이며, 법명은 유엄(惟儼)이다. 17세 때 혜조(慧照) 율사를 섬기다가 대력(大曆) 8년(773)에 형악(衡嶽)에서 희조(希藻) 율사에게 계를 받았다. 그래서 처음에는 율종(律宗)에 귀의하고 경론을 연구하여 교학승으로 명성을 크게 떨쳤고, 계율 또한 엄하게 지켰다. 그러던 어느 날, '대장부가 법의 속박에서 벗어나 스스로의 마음을 밝혀야 하거늘, 형식적인 계율에 얽매여서야 되겠는가?' 하고는 경학(經學)을 그만두고 그 길로 석두 희천(石頭希遷) 선사의 문하에 들어가 현묘한 이치를 깨닫고 그의 법을 이었다. 당나라 덕종(德宗) 정원(貞元) 초에 예양(澧陽)의 유약산(萸藥山)에 살았으므로 약산 선사라 불렀다

당나라 정승 이고(李翺)가 찾아왔을 때이다. 선사는 돌아보지도 않

고 경만 보고 있었다. 정승도 절을 하지 않고 비꼬는 투로 말했다.

"얼굴을 보니 천리의 소문만 못하구나."

이에 선사가 정승을 불렀다.

"상공(相公)!"

정승이 대답하니 선사가 말했다.

"어째서 귀만 소중히 여기고 눈은 천히 여기는가?"

정승이 얼른 절을 하고 나서 물었다.

"어떤 것이 도(道)입니까?"

약산 선사는 손가락으로 하늘을 가리켰다가 다시 물병을 가리키며 말했다.

"구름은 하늘에 있고, 물은 병 속에 있느니라."

어느 날 선사가 한 스님에게 물었다.

"무엇을 하고 오는가?"

"밭에 무를 심고 옵니다."

"그래, 재배하는 것은 괜찮다만 뿌리가 생기지 않게 하라."

"뿌리가 돋지 않으면 대중들은 무엇을 먹으란 말입니까?"

"아, 입이 있었던가?"

약산 선사는 경전을 깊이 공부한 뒤 결국 문자를 버리고 선문(禪門)으로 전향하여 깨달음을 얻었지만 그는 평시에 《법화경》·《열반경》·《화엄경》 등을 계속 보고 있었다. 그러나 주위의 제자들에게는 문자의 노예가 된다는 이유로 경전을 보지 못하도록 엄하게 단속하였다. 이를 이상하게 여긴 한 스님이 약산 선사에게 대들었다.

"남에게는 경을 못 보게 하시면서 스님은 왜 경을 보십니까?"

"나는 경을 눈앞에 놓았을 뿐 한 번도 읽은 일이 없다."

이에 그 스님이 얼른 따라서 말했다.

"저희들도 스님처럼 경을 눈앞에 놓고 있으면 되지 않습니까?"

이에 약산 선사가 밖을 내다보며 말했다.

"나는 눈앞에 놓았을 뿐이지만 너희들은 경을 눈앞에 놓으면 문자가 너희들을 보는 것을 어찌 막을 수 있겠느냐?"

약산 선사는 깨달음을 얻은 후로 절을 떠나 시골 외양간에 묻혀 살았다. 그러나 선사를 따르는 제자들이 모여들어 외양간이 곧 절이 되었다. 그러나 약산 선사는 통 말이 없었다.

하루는 스님들의 요청에 못 이겨 설법을 하겠다고 허락했다. 약산 선사가 설법을 허락하자 대중들은 기쁨에 겨워 종을 치고는 모여들었다. 정작 대중이 모이자 선사는 문을 쾅 닫아 버리고 안으로 들어가 버렸다. 대중들은 화가 나서 소리쳤다.

"스님! 설법을 허락하셔 놓고 이제 와서 왜 그러십니까?"

방 안에서 선사의 목소리가 들렸다.

"경전에는 경사(經師)가 있고, 논설에는 논사(論師)가 있고. 계율에는 율사(律師)가 있는데 나에게 뭘 말하라는 건가?"

약산 선사가 입적하던 날이었다. 선사가 갑자기 소리를 질렀다.
"법당이 무너진다. 법당이 무너진다."
그러자 절에 있던 대중들은 깜짝 놀라 모두 밖으로 몰려나와 버팀목으로 법당을 괴느라 야단들이었다. 약산 선사는 손을 내저으며 마지막 말을 남겼다.
"허허, 내 뜻을 모르는구먼."

자네가 찾는 도(道)는 눈앞에 있다
― 대철 유관(大徹惟寬)

대철(大徹-755~817) 선사는 구주(衢州) 신안(信安) 사람이다. 성은 축(祝) 씨이다. 13세 때 살생하는 것을 본 후로는 차마 고기를 먹지 못하다가 끝내 출가하여 마조(馬祖)의 법을 이었다. 당(唐)의 정원(貞元) 6년(790)에 오월(嗚越) 지방에서 교화를 폈다.

하루는 어떤 스님이 와서 물었다.
"어떤 것이 도입니까?"
선사가 대답했다.
"매우 좋은 산이다."
"학인은 도를 물었는데 스님께서는 어째서 좋은 산이라고만 하십니까?"
이에 선사가 말했다.
"그대는 좋은 산밖에 모르니 어찌 도를 알겠는가?"

또 다른 스님이 물었다.

"도가 어디에 있습니까?"

"눈앞에 있지."

"저는 어째서 보지 못합니까?"

"그대는 '나'라는 생각이 있기에 보지 못한다."

"저는 '나'라는 생각이 있어서 보지 못합니다만 그렇다면 스님께서는 보십니까?"

"'네'가 있고 '내'가 있으면 더욱 보지 못한다."

"그럼 '나'도 없고 '남'도 없으면 볼 수 있겠습니까?"

이에 선사가 말했다.

"'너'도 없고 '나'도 없으면 누가 보겠는가?"

살덩이는 천 근이나
지혜는 반푼도 안 되는구나

— 삼평 의충(三平義忠)

　삼평(三平-781~872) 선사는 복주(福州)의 복당현(福塘顯) 사람으로 속성은 양(楊) 씨이며, 법명은 의충(義忠)이다. 태전(太顚) 선사의 법을 잇고 장주(漳州)의 삼평산에서 대중을 교화하다가 92세로 입적하였다.

　자칭 황대구(黃大口)라고 하는 스님이 삼평 선사를 찾아온 적이 있었다. 선사가 그에게 물었다.
　"대구(大口-입이 크다는 뜻) 스님의 소문을 들은 지 오래인데, 바로 그 스님이십니까?"
　"그렇습니다."
　"입의 크기가 얼마만 합니까?"
　"온몸이 입입니다."

"그럼 똥은 어디로 눕니까?"

이 물음에 대구 스님은 대답을 못했다.

삼평 선사가 대중에게 말했다.

"요즘 출가한 사람들은 말재주만 가지고 있다. 직접 체험해서 진리를 배우지 않고 왜 마음을 어지럽히며 입만 살아 중얼거리는가?"

이때 어떤 스님이 말했다.

"그 길을 가르쳐 주십시오."

이에 선사가 대답했다.

"한 가닥 길이 있는데 미끄럽기가 물이끼 같으니라."

어느 스님이 물었다.

"달마 조사께서 서쪽에서 오신 뜻이 무엇인지 보여 주십시오."

이에 선사가 되물었다.

"거북이 털로 만든 불자(佛子)와 토끼 뿔로 만든 지팡이는 어디에 숨겨 두었는가?"

"거북이 털과 토끼 뿔이 있을 수 있습니까?"

선사가 크게 꾸짖으며 말했다.

"살덩이는 천 근이나 지혜는 반푼의 무게도 없구나!"

지식으로는 얻을 수 없는 것
— 향엄 지한(香嚴智閑)

향엄(香嚴-?~898) 선사는 등주(鄧州) 사람으로 속성은 유(劉) 씨이며, 법명은 지한이다. 어려서 출가하여 백장 회해 선사의 문하에서 수행하다가 후에 위산 영우(潙山靈祐) 선사를 찾아가 그의 제자가 되었다. 키는 7척이나 되고 아는 것이 많고 말재주가 능하며 학문은 당할 이가 없었다.

하루는 스승 위산이 향엄에게 이렇게 물었다.
"그대가 터득한 지식은 전부 듣고 본 것뿐이다. 지식에 대해선 묻지 않겠다. 그대가 태어나기 전, 동과 서를 구별하지 못했을 때의 그대 모습을 말해 보라."
이에 향엄은 대답을 못한 채 고개를 숙이고 한참 있다가 특유의 지식과 말재주를 동원하여 몇 마디 했으나 모두가 엉터리였다. 향엄이 마침내 스승에게 도를 일러주실 것을 청하니 위산이 말했다.

"내가 말하면 옳지 않다. 스스로가 일러야 그대의 안목이니라."

이때 향엄은 방 안으로 돌아와 모든 서적을 두루 뒤졌으나 한 마디도 대답에 맞는 말이 없었다. 그 길로 그는 서적을 몽땅 태워 버렸다. 책을 태우는 것을 보고 달려온 학인이 자기에게 책을 달라고 하자 향엄이 말했다.

"내가 평생 동안 이것 때문에 피해를 입었는데 그대가 또 피해자가 되려는가?"

향엄은 한 권도 주지 않고 몽땅 불태워 버리며 굳은 각오를 했다.

"금생엔 불법을 바로 배우지 못했다. 오늘날까지 나를 당할 자가 없으리라 여겼었는데, 오늘 위산 선사께 한 방망이 맞으니 그런 생각이 깨끗이 사라졌다. 이제는 평범한 대중 스님으로 살며 여생을 보내리라."

향엄은 이런 각오와 함께 눈물을 흘리며 스승 위산께 하직하고 향엄산으로 들어가 옛날 혜충 국사가 살던 터에 암자를 짓고 수행에 들어갔다.

하루는 마당에서 풀을 베면서 번뇌를 덜고 있는데 무심코 던진 기와조각이 대나무에 부딪치는 소리를 듣는 순간 크게 깨달음을 얻었다. 그 유명한 향엄격죽(香嚴擊竹)의 깨달음이 탄생하는 순간이었다.

한 스님이 향엄 선사에게 물었다.

"어떤 것이 소리 이전의 한 구절입니까?"
선사가 대답했다.
"그대가 묻지 않을 때에 대답하리라."
"지금 대답해 주십시오."
"지금은 묻고 있느니라."

다투면 부족하고 사양하면 남는다
― 운거 도응(雲居道膺)

운거(雲居-?~902) 선사는 유주(幽州) 형문(荊門) 사람으로 속성은 왕(王) 씨며 법명은 도응(道膺)이다. 7, 8세 때 출가하여 25세 때 계를 받았다. 처음에는 취미(翠微)의 문하에서 참선을 하다 다시 동산(洞山)의 문하에서 크게 깨쳐 그의 법을 이어받았다. 운거산(雲居山)에서 교화를 펴자 수천의 대중이 운집하였다. 그의 제자 가운데 신라의 운주(雲住)·경유(慶猷) 선사와 고려의 대경(大鏡)·진철(眞澈) 선사가 있다.

어떤 신도가 스님에게 물었다.
"우리 집에 솥이 하나 있는데 평소에 떡을 찌면 셋이 먹기에는 부족하나 천 사람이 먹으면 남으니 스님은 어떻게 생각하십니까?"
스님이 대답을 못하고 우물쭈물하니 운거 선사가 말했다.
"다투면 부족하고 사양하면 남는다."

어떤 스님이 운거 선사에게 물었다.

"전혀 듣는 사람이 없어도 선사께서는 이야기를 하십니까?"

"지금이라는 시간은 멈춘 적이 없다."

"어떤 사람이 듣습니까?"

"말하지 않는 사람이 듣는다."

"선사께서는 들으십니까?"

"들으면 말하는 것이 아니다."

어느 날 어떤 스님이 물었다.

"옛사람이 말하기를 '부처님도 도를 알지 못하니 나 스스로 수행할 뿐이다.'라 하였는데 어째서 그는 부처님이 도를 알지 못한다 하였습니까?"

선사가 대답했다.

"부처와 중생 모두 도를 알지 못한다."

"누가 압니까?"

"그대가 아느니라."

"그대는 누구를 말합니까?"

"부처도 아니고 중생도 아닌 자이니라."

내 마누라도 그것을 아는데
— 감지 행자(甘贄行者)

감지 행자의 행록에 대해서는 기록이 없어 상고할 수가 없다.

어느 날 설봉(雪峰) 화상이 오는 것을 보고 감지 행자가 문을 닫고 말했다.
"큰스님, 들어오십시오."
설봉 화상이 밖에서 옷을 들여보내니 감지 행자가 문을 열었다.

어느 암자의 주지가 살림을 장만하기 위해 시주를 얻으러 감지 행자를 찾아왔을 때였다. 감지 행자가 "바로 말하면 시주를 하겠소." 하고 심(心) 자를 써 놓고 물었다.
"이게 무슨 글자요?"
"마음심자입니다."
감지 행자는 다시 자기 아내에게 물었다.

203

"이게 무슨 글자요?"

"마음심자입니다."

그때에 감지 행자가 말했다.

"내 촌뜨기 마누라도 암자의 주지가 될 수 있겠군."

시주 왔던 스님은 말문이 막혔고 감지 행자도 시주를 하지 않았다.

하루하루가 좋은 날이구나
— 용문 문언(雲門文偃)

운문(雲門-864~949) 선사는 절강성(浙江省) 가흥(嘉興) 사람으로 속성은 장(張) 씨이며 법명은 문언(文偃)이다. 17세 때 공왕사(空王寺)의 지징(志澄) 율사에게 출가한 뒤 수년간 《사분율(四分律)》을 배웠다. 그 후 목주 도명(睦州道明)을 만나 선(禪)에 입문했다. 운문은 도종(道宗) 스님의 권유로 덕산 선감(德山宣鑑)의 제자인 설봉 의존(雪峰義存)을 찾아가 그의 제자가 되었고, 후일 운문종(雲門宗)의 창시자가 되었다.

어느 보름날 아침이었다. 운문 선사가 대중들에게 말했다.
"보름날 이전의 일은 너희에게 묻지 않는다. 보름날 이후에 대해 의견이 있으면 각자 말해 보라."
선사의 말에 아무도 대답하는 이가 없었다.
선사가 스스로 대답했다.

"매일매일이 참 좋은 날이구나[日日是好日]."

한 스님이 찾아와서 물었다.
"나뭇잎이 시들어 떨어지면 어떻게 됩니까?"
운문 선사가 대답했다.
"나무는 앙상한 모습이고, 천지엔 가을바람만 가득하지."

한번은 어떤 스님이 운문 선사에게 물었다.
"부처도 조사(祖師)도 다 뛰어넘은 말은 어떤 것입니까?"
운문 선사가 대답했다.
"호떡!"

【한국 선사편】

만법(萬法)은 모두 마음에서 생긴다
― 원효 대사(元曉大師)

　　원효(元曉-617~686) 대사는 신라 말기의 승려이며 속성은 설(薛)씨이고 이름은 서당(誓幢)이다.

　　하루는 원효 대사가 분황사(芬皇寺) 무애당(無碍堂)에서 참선을 하고 있었다. 제자가 문을 열고 들어왔다.
　　"웬일이냐?"
　　"요석 공주(瑤石公主)께서 금란가사(金襴袈裟)를 보내왔습니다."
　　원효 대사는 제자가 내민 금란가사를 물끄러미 보다가 말했다.
　　"너의 눈에는 법의(法衣)로 보이는 모양인데 나의 눈에는 한 여인의 수많은 번뇌가 얽혀 있는 망상뭉치로 보이는구나. 너나 입어라."
　　원효 대사는 태종무열왕의 딸 요석 공주가 자신을 사모하고 있음을 벌써부터 눈치 채고 있었던 것이다.

원효 대사가 어느 날 멀뚱히 서 있는 제자에게 물었다.

"대안(大安) 스님은 지금 어디 계신다더냐?"

"남산의 굴속에 계신다고 들었습니다."

그 길로 원효 대사는 대안 스님을 찾아갔다. 대안 스님은 조그만 굴속에서 너구리 새끼를 안고 있었다.

"스님!"

대안 스님은 뒤를 돌아다보고 너털웃음으로 답했다.

"하! 하! 마침 잘 오셨소. 이놈의 너구리 새끼들이 어미를 잃었기에 들고 왔습니다. 경주에 가서 젖을 얻어 올 때까지 이놈들의 어미가 되어 주시오."

그리고 대안 스님은 서라벌로 젖을 구하러 나갔다. 시간이 얼마나 지났는지 너구리 새끼 중에 한 마리가 굶주림에 지쳐 죽어 버렸다. 원효 대사는 죽은 너구리 새끼를 안고 극락에 환생하라고 《아미타경》을 외웠다. 이때 대안 스님이 젖을 얻어 돌아와 보니 굴속에서 원효 대사의 경 읽는 소리가 처량하게 들렸다.

대안 스님이 물었다.

"무엇하고 있습니까?"

"이놈의 영혼이라도 왕생극락하라고 염불을 하고 있습니다."

"허허, 그 경소리를 죽은 너구리 새끼가 알아듣겠습니까?"

대안 스님의 말에 원효 대사는 돌아보며 말했다.

"너구리가 알아듣는 경이 따로 있습니까?"

"있지요. 제가 읽을 터니 스님도 들으시오."

대안 스님이 얻어 온 젖을 살아 있는 새끼들에게 먹이며 말했다.

"이것이 너구리 새끼가 알아듣는 경입니다."

원효 대사와 대안 스님이 서라벌의 저잣거리를 걷다가 문득 대안 스님이 말을 꺼냈다.

"원효 스님, 오늘 저녁 삼악도(三惡道)나 구경합시다."

"삼악도라니요?"

대안 스님은 껄껄 웃으며 기방(妓房)을 가리켰다.

"저곳이 삼악도가 아니고 무엇입니까? 우리가 가서 제도합시다."

나무에서 고기를 잡으려 하는가
― 광덕 화상(廣德和尙)

광덕(廣德-생몰 연대 미상) 화상은 신라 문무왕 때의 승려로 처를 거느리고 살림을 하면서 도를 닦았다.

광덕 화상은 엄장(嚴莊) 화상과 매우 친하게 지냈는데 그들은 굳게 약속한 것이 있었다.

"먼저 서방에 극락세계로 들어갈 때는 서로 알리기로 하세."

이때 광덕 화상은 서라벌의 분황사 서쪽 마을에서 처와 살면서 염불을 하며 수도를 하였고 엄장 화상은 남산(南山)에서 혼자 수행을 하였다.

세월이 흘러 어느 날 엄장 화상의 창 밖에서 광덕 화상의 목소리가 들렸다.

"나는 이제 서방 극락세계로 가니 그대는 잘 있다가 속히 나를 따라오게."

이튿날 엄장 화상이 광덕 화상을 찾아가니 그는 전날 죽음의 길로 떠난 뒤였다. 엄장 화상은 광덕 화상의 아내와 함께 장사를 치른 뒤에 말했다.

"친구도 떠나갔으니 함께 사는 것이 어떻겠소."

광덕 화상의 처도 쾌히 승낙했다. 그날 밤 동침을 요구하자 그녀가 말했다.

"스님이 서방 극락세계를 원하는 것은 나무에서 고기를 잡으려는 것과 같사옵니다."

엄장 화상은 이상하게 생각하며 물었다.

"친구도 그랬는데 어찌해서 나는 극락에 못 간다는 것이오."

그녀는 단정히 앉아 말했다.

"그 스님은 저하고 10년을 같이 동거했지만 한 번도 동침한 일이 없고 매일 단정히 앉아 염불과 수도에만 전념했습니다."

엄장 화상은 크게 부끄러움을 느끼고 그 길로 원효 대사를 찾아가 일심으로 수행했다.

해와 달은 동서가 따로 없다

― 통효 범일(通曉梵日)

통효(通曉-810~889) 선사는 신라 후기의 스님으로 속성은 김(金)씨, 법명은 범일이다. 15세에 출가하여 20세에 구족계를 받고 부지런히 수행하여 출가인들과 동학들의 모범이 되었다. 831년에 입당(入唐)하여 염관 제안(鹽官齊安)을 만나 '평상심이 도'라는 말에 크게 깨달았다. 그 후 약산 유엄을 찾아가 도를 논하는 등 사방을 편력하다가 847년 귀국하여 사굴산문(闍崛山門)의 개조가 되었다.

처음 통효 선사가 선지식을 찾아 두루 참문(參問) 하던 끝에 염관 제안을 뵈니 그가 물었다.
"어디서 왔는가?"
"동국(東國)에서 왔습니다."
염관이 다시 물었다.
"수로(水路)로 왔는가, 육로(陸路)로 왔는가?"

"두 길을 모두 거치지 않고 왔습니다."

"두 길을 모두 거치지 않았다면 어떻게 여기에 왔는가?"

"해와 달이 다니는데 동·서가 무슨 장애가 되겠습니까?"

이에 염관이 크게 칭찬하였다.

"실로 동방(東方)의 보살이로구나."

어느 날 통효 선사가 약산(藥山)을 찾아가니 약산이 물었다.

"어디에서 왔는가?"

통효 선사가 말했다.

"강서(江西)에서 왔습니다."

"뭣 하러 왔는가?"

"화상을 찾아왔습니다."

"여기는 길이 없는데 어떻게 찾아왔는가?"

"만약 화상께서 한 걸음만 나아갔더라도 화상을 뵙지 못했을 것입니다."

이에 약산이 찬탄하며 말했다.

"참으로 기이하구나, 참으로 기이하구나! 밖에서 들어온 맑은 바람이 사람을 얼리는구나!"

금이 귀하다고 눈에 넣으랴
― 제운 영조(齊雲靈照)

제운(齊雲-870~947) 선사는 신라 말 고려 초의 스님으로 중국으로 건너가 설봉(雪峰) 밑에서 큰 깨달음을 얻고 그의 법을 이었다. 언제나 누더기 한 벌을 걸치고 대중을 위한 여러 가지 일을 사양하지 않았기 때문에 사람들이 '조포납(照佈衲)'이라고 불렀다. 전왕(錢王)이 선사를 흠모하고 존중하여 자의(紫衣)를 하사하고 호를 진각(眞覺)이라 하였다.

어떤 사람이 제운 선사에게 물었다.
"들으니 선사께서는 '자리를 떠나기 전에 벌써 여러 사람을 만났다.' 하셨는데 '자리를 떠나기 전의 자리'는 어떤 자리이기에 여러 사람을 만날 수 있습니까?"
이에 선사가 대답했다.
"그대가 나의 힘을 얻지 못했더라면 어찌 이런 질문을 펼 수 있었겠나."

제운 선사가 어떤 스님에게 물었다.
"무엇하고 있는가?"
"부처님 몸의 먼지를 털고 있습니다."
"이미 부처라 했으면 어째서 먼지가 있는가?"
그 스님이 대답을 못하니 제운 선사가 스스로 대답했다.
"금 부스러기가 아무리 귀해도 눈에 들어가면 병이 되느니라."

어느 날 산으로 올라오는 한 스님을 보고, 제운 선사는 손에 들고 있던 주장자를 일으켜 세우며 물었다.
"자네 것과 이것이 같은 것인가, 다른 것인가?"
그 스님이 대답을 못하고 서 있으니 제운 선사가 대신 말했다.
"다르다면 눈이 산을 보았고, 같다면 산이 눈을 본 것이다."

밥은 내가 먹고
배는 누님이 부를 수만 있다면

― 보조 지눌(普照知訥)

보조(普照-1158~1210) 국사는 고려 중기의 고승이다. 속성은 정(鄭)씨이고 법명은 지눌(知訥)이다. 호는 목우자(牧牛子)이고 시호는 불일보조국사(佛日普照國師)이다. 8세에 출가하여 1182년에 승선(僧選)에 뽑혔다.

보조 국사에게는 누님이 있었다. 보조 국사가 누님에게 항상 염불을 하라고 할 때마다 그녀는 이렇게 말했다.

"내게는 부처님같이 훌륭한 아우가 있는데 염불 공부를 해서 무엇 하겠나. 설사 내가 도를 닦지 않는다 해도 다른 사람까지 제도해 주는 아우가 있는데 나 하나쯤 좋은 곳으로 제도해 주지 않으려고?"

보조 국사는 말로써는 누님을 제도할 수 없다는 것을 알고 다른 방법을 쓰기로 했다. 어느 날 누님이 절에 오는 것을 미리 알고 국사의 방에 진수성찬을 가득 차려 놓았다. 이때 들어오자 국사는 한번 힐끔 쳐다보고는 말했다.

"누님 오셨습니까? 앉으십시오. 막 공양을 하려던 참입니다."

국사는 혼자서 음식을 맛있게 들고는 상을 물렸다. 전에 없던 일이었다. 보조 국사의 누님은 섭섭하고 노여운 감정이 일었다.

"자네가 오늘은 왜 이러나?"

"무슨 말씀입니까, 누님?"

"무슨 말이라니, 나는 그만 집으로 가야겠네."

"진지나 잡숫고 가셔야지 먼 길을 그냥 가시면 시장하지 않으시겠습니까?"

"밥을 줄 생각이 있으면서 이제까지 있었나? 몇 십 리 걸어온 사람을 보고 음식을 먹으면서도 한번 먹어 보라는 말도 없으니 그게 사람의 짓인가?"

"누님, 제가 이렇게 배가 부르도록 먹었는데 누님은 왜 배가 아니 부르십니까?"

"자네가 먹었는데 어찌 내 배가 부르단 말인가?"

"제가 도를 깨치면 누님도 제도된다고 하지 않았습니까? 그렇다면 동생이 배부르면 누님도 배가 불러야 하지 않겠습니까?"

"무슨 말을 그렇게 하는가? 밥은 창자로 들어가고 염불은 마음으로 하며 정신이 극락을 가는 것이니 밥 먹고 배부른 것과 다른 것이 아닌가?"

"그렇습니다. 제가 음식을 먹어도 누님이 배부르지 않듯이 내 마음으로 염불을 하면 나의 영혼은 극락에 가도 누님은 갈 수 없습니다. 누님이 극락에 가고 싶으면 누님의 마음으로 염불을 하지 않으면 안 됩니다. 죽음도 대신하지 못하는 것처럼 극락도 대리 극락이란 있을 수 없습니다."

이 말을 마치고 보조 국사는 상좌를 시켜 누님의 점심상을 차려 오게 해 놓고 말했다.

"누님, 이 동생이 제도해 줄 것을 믿지 말고 당신 자신의 지극정성으로 염불을 하시어 내생에 극락으로 가도록 하십시오."

이후로 보조 국사의 누님은 지성으로 염불을 하며 수행하였다.

참 도(道)는 따로 있지 않다
— 벽송 지엄(碧松智嚴)

　벽송(碧松-1464~1534) 선사는 전라도 부안 사람으로 속성은 송(宋)씨이며 법명은 지엄(智嚴)이다. 28세 때 허종(許琮)의 군대에 들어가 여진족과 싸워 공을 세웠으나 삶과 죽음을 체험한 후 계룡산 상초암(上草庵)으로 들어가 조징(祖澄) 대사 밑에서 머리를 깎고 스님이 되었다. 조선 중종 15년(1520) 3월 지리산으로 들어가 초암에 머물면서 외부와의 일체 교류를 두절한 채 정진하였다. 중종 29년(1534) 겨울에 《법화경》을 강하다가 71세로 입적했다.

　벽송 스님은 처음으로 정심(正心) 선사를 찾아갔다.
"소승 문안드립니다."
"어디서 온 납자인가?"
"남선의 묘리를 배우고자 왔습니다."
"나는 도(道)를 갖고 있지 않다. 그리고 보다시피 먹고살기에 바쁘네. 그리고 자네가 거처할 방도 없고."

벽송 스님은 그날부터 토굴 하나를 따로 짓고 정심 선사와 같이 나무를 해다 팔며 생활하였다. 날마다 두 스님은 나무를 해서 시장에 내다 팔았다. 그리고 벽송 스님은 산에 오를 때마다 정심 선사에게 물었다.

"부처는 누구입니까?"

"오늘은 좀 바빠서 말해 줄 수 없다."

"스님께서 깨쳐서 얻은 도리만 일러주십시오."

"산에 가서 빨리 나무를 하자. 그것은 내일 말해 주겠다."

이렇게 대답을 3년이나 미루어 왔다.

벽송 스님은 어느 날 정심 선사가 없는 사이에 짐을 꾸려 떠나면서 밥 짓는 공양주 보살에게 말했다.

"저는 오늘 떠나야겠습니다."

"별안간 무슨 소립니까?"

"제가 스님을 찾아온 것은 도를 배우러 온 것이지 고용살이를 하려고 온 것은 아닙니다."

"그야 그렇습니다만."

"3년이 지나도록 도를 가르쳐 주지 않으니 더 기다릴 필요가 없게 되었습니다."

"그래도 정심 스님이 오시면 떠나세요."

"지금 떠나겠습니다."

벽송 스님은 일종의 분노를 안고 발길을 옮겼다.

이때 정심 선사가 나무를 해 가지고 돌아오자 공양주 보살이 다급하게 말했다.

"벽송 스님이 떠났습니다."

"왜 떠났는가?"

"도를 가르쳐 주지 않아 화가 나서 떠났습니다."

"무식한 놈! 내가 가르쳐 주지 않았나, 제놈이 그 도리를 몰랐지. 자고 나서 인사할 때도 가르쳐 주었고 산에 가서 나무할 때도 가르쳐 주었지."

"그런 것이 도입니까?"

"도가 따로 있나? 따로 있다면 도가 아니고 번뇌지."

"그럼 저에게도 가르쳐 주었겠습니다."

"암, 가르쳐 주었지."

"벽송 스님은 왜 몰랐을까요?"

이때 정심 선사가 토굴 밖으로 뛰어나가 멀어지는 벽송 스님을 소리쳐 불렀다. 이에 벽송 스님이 걸음을 멈추고 돌아보자 정심 선사가 또 한 번 크게 소리쳤다.

"내 법 받아라!"

이 순간 벽송 스님은 크게 깨달음을 얻었다.

죽으면 썩을 고깃덩이인 것을
― 경허 성우(鏡虛惺牛)

경허(鏡虛-1849~1912) 선사는 전라북도 전주 자동리(子動里) 사람으로 속성은 송(宋) 씨. 처음 이름은 동욱(東旭)이며 법명은 성우(惺牛)이다. 9세 때 경기도 청계산 청계사의 계허(桂虛) 대사에게 출가하여 계를 받았다. 23세 때 동학사에서 학인을 가르치다가 악성 호열자가 만연되어 시신(屍身)이 널려 있는 참혹한 현장에서 생사(生死)의 절박함을 깨닫고는 학인들을 해산시켰다. 이후 참선과 무애행으로 살다가 1912년에 64세로 입적했다.

만공(滿空) 스님이 경허 선사에게 볼일이 있어 방으로 들어갔다. 이때 누워 있는 경허 선사의 배 위에 시커먼 뱀 한 마리가 걸쳐 있었다. 만공 스님은 깜짝 놀랐다.
"스님, 이거 뱀 아닙니까?"
경허 선사가 말했다.

"가만두어라. 내 배 위에서 실컷 놀다 가게."

하루는 천장사(天藏寺)에서 49재(齋)가 있어 떡·과일을 푸짐하게 진설해 놓았다. 이때 경허 선사는 떡과 과일을 내다가 구경 온 아이·어른들에게 전부 나누어 주었다. 이것을 안 주지 스님은 노발대발했다.

"재를 지내고 난 뒤에 주어야지, 어째서 재 지낼 것을 주었느냐?"

그러자 경허 선사가 말했다.

"이렇게 지내는 재가 진짜 재입니다."

경허 선사가 청양(靑陽)의 장곡사(長谷寺)에 머물고 있을 때의 일이다. 경허 선사가 곡차를 잘 드신다는 소문을 듣고 인근 사람들이 곡차와 파전을 비롯한 여러 안주를 들고 왔다. 이것을 맛있게 먹다가 만공 스님이 물었다.

"스님, 저는 술이 있으면 마시고 없으면 안 마십니다. 파전도 굳이 먹으려 하지도 않지만, 생기면 굳이 안 먹으려고 하지도 않습니다. 스님은 어떻습니까?"

그러자 경허 선사가 대답했다.

"나는 술이 먹고 싶으면 밭을 갈아 밀을 심고 가꾸어서 누룩을 만들어 술을 빚고 걸러서 먹을 것이네. 또 파전이 먹고 싶으면 파씨를 구하여 밭을 일구어 파를 심고 거름을 주며 알뜰히 가꾸고 키워서 파전을 부쳐 먹겠네."

경허 선사와 만공 스님이 먼 길을 나섰다가 때마침 어느 고개에서 쉬고 있는 상여 행렬을 만났다.

경허 선사가 그 행렬 속으로 들어갔다.

"시장해서 음식을 좀 청합니다."

"행상(行喪) 길이니 술밖에 없습니다."

"술이든 고기든 아무거나 주십시오."

사람들은 별난 스님도 다 보겠다는 듯이 의아해하면서도 망인(亡人)을 위해 푸짐하게 대접했다. 그리고 상주는 부탁을 하나 했다.

"스님들의 자비로 우리 아버님의 명당(明堂)을 하나 잡아 주실 수 없는지요?"

경허 선사가 말했다.

"명당은 해서 무엇 하는가, 죽으면 다 썩은 고깃덩이밖에 아무것도 아닌 것을."

내 얼굴 어디가 보고 싶은가
― 석전 정호(石顚鼎鎬)

석전(石顚-1870~1948) 스님은 전라북도 전주 사람으로 속성은 박(朴) 씨이다. 19세에 전주 태조암(太祖庵)에서 득도하고 선암사·백양사 등에서 경전을 연구한 후 널리 불법을 강의하였다. 근래 교학승(敎學僧) 가운데 제일인자라 할 만큼 식견이 넓었다.

석전 스님이 서울 개운사에 있을 때였다. 계행이 청정하고 학덕이 높다는 명성을 듣고 보살들이 끊이지 않고 찾아왔다. 그러나 스님은 오히려 공부하는 데에 방해가 될 뿐만 아니라, 이 모든 것이 부질없다는 것을 알고 있었기 때문에 신도들의 방문을 좋아하지 않았다.
석전 스님은 보살들이 찾아오면 으레 이렇게 물었다.
"뭐 하러 왔소?"
"스님 뵈려고 왔습니다."
"나를? 나를 봐서 뭣 하게……."

보살들이 말문이 막혀 안절부절못하자 스님이 다시 말했다.

"내 얼굴 어딜 보려고…… 요기? 아니면 여기?"

찾아온 신도들은 더욱 당황해하며 어쩔 줄을 몰랐다. 그러나 석전 스님의 표정은 조금도 풀어지지 않았다.

"이제 다 보았소? 다 보았으면 돌아가시오."

창문을 여니 담장이 눈앞에 있네
— 한암 중원(漢巖重遠)

한암(漢巖-1876~1951) 선사는 강원도 화천 사람으로 속성은 방(方)씨이다. 1897년 금강산 장안사의 행름(行凜) 스님을 은사로 득도하였으며, 경상북도 청암사에서 경허 선사를 만나 깨달음을 얻었다. 1951년 오대산 상원사(上院寺)에서 세수 76세, 법랍 54세로 입적하였다.

경허 선사가 한암 선사에게 물었다.

"'남산에 구름이 일어나니 북산에 비가 내린다.'라는 말을 듣고 어떤 이가 견성했다고 하는데 무엇을 깨달았는가?"

한암 선사가 답했다.

"창문을 열고 앉으니 담장이 앞에 있습니다."

일본의 사토 스님이 한암 선사를 찾아와 물었다.

"어떤 것이 불법의 큰 뜻입니까?"

한암 선사는 곁에 놓여 있던 안경집을 들어 올렸다.

다시 사토 스님이 물었다.

"스님이 모든 경전과 조사어록(祖師語錄)을 보아 오는 가운데 어디에서 가장 깊은 감명을 받았습니까?"

한암 선사는 사토 스님의 얼굴을 쳐다보며 말했다.

"적멸보궁(寂滅寶宮)에 참배나 다녀오너라."

다시 사토 스님이 물었다.

"스님께서는 젊어서부터 지금까지 수도하였는데 만년의 경계와 초년의 경계가 같습니까, 다릅니까?"

"모르겠노라."

이때 사토 스님은 일어나 큰절을 하면서 말했다.

"활구(活句)의 법문을 주셔서 대단히 감사합니다."

이 말이 채 끝나기도 전에 한암 선사가 말했다.

"활구라 해 버렸으니 이미 사구(死句)가 되고 말았다."

오동잎 떨어지니
온 천하가 가을이로세

— 동산 혜일(東山慧日)

동산(東山-1890~1965) 선사는 충청북도 단양군 사람으로 속성은 하(河) 씨이다. 29세 때 범어사 용성 스님을 은사로 득도하였다. 1965년 4월 범어사에서 세수 76세, 법랍 53세로 입적하였다.

태국의 승려가 우리나라에 왔을 때 동산 선사는 이렇게 말했다.
"지난번 제가 당신 나라에 갔을 때 멋진 선물과 후대를 해 주셨소. 오늘은 제가 선물을 드리겠소."
그러고는 동산 선사는 돌사자를 가리키며 말했다.
"사자가 보입니까?"
"예."
"그럼 사자의 울음소리가 들립니까?"

태국에서 온 승려는 대답을 못하고 우물쭈물하고 있었다. 그때 동산 선사가 말했다.

"내가 당신에게 선물할 것은 그것뿐입니다."

하루는 동산 선사가 법상에 올라 주장자로 법상을 치며 말했다.

"오동잎 하나가 금우물에 떨어지니 이로써 온 천하가 가을인 줄 알겠다."

우주는 5분 전에 창조되었네
— 금오 태전(金烏太田)

금오(金烏-1896~1968) 선사는 전라남도 강진군 병영면 박동리 사람으로 속성은 정(鄭) 씨, 법명은 태전(太田)이다. 16세 때 오대산 월정사 선원에서 도암 긍현(道庵亘玄) 선사를 은사로 득도했다. 1968년 10월, 73세로 충북 보은군 법주사에서 입적했다.

하루는 어떤 스님이 금오 선사에게 물었다.
"어떤 것이 부처입니까?"
금오 선사가 말했다.
"허공에 밝은 달이 뜨니 옛사람이 왔구나."
금오 선사가 말했다.
"눈앞에 부처님이 살고 계심을 보지 못하니 눈먼 사람이며, 부처님이 항상 설법하시는 것을 듣지 못하니 귀먹은 사람이며, 설법하되 부처님 진리를 알지 못하고 말을 하니 벙어리가 아닌가?"

금오 선사가 금강산에서 수행할 때이다. 산길을 가는데 한 중년신사가 금오 선사를 불렀다.

"스님, 나하고 얘기나 한번 합시다."

"할 말이 있으면 해 보구려."

"스님은 우주가 창조된 지 몇 해나 되었는지 아시오?"

"당신 소견에 내 이야기가 통하겠소. 걸음이나 같이해서 갑시다."

중년신사는 불쾌해하면서 화를 냈다.

"스님, 사람을 이리 무시할 수 있소. 대답도 못하는 주제에……."

"나는 사실대로 말했을 뿐 무시한 건 그쪽이오."

"그럼 스님은 우주창조 연대를 안단 말이오?"

"알다마다요."

"그럼 말해 보시오."

"당신이 먼저 말해 보시오."

그 중년신사는 나름대로의 논리가 서 있었기 때문에 금오 선사를 크게 놀려 줄 생각이었다.

"먼저 말하리다. 우주가 창조된 것은 39년 전이오."

중년 신사는 자신만만한 표정으로 금오 선사를 힐끔 바라보았다. 잠시의 여유도 주지 않고 금오 선사가 되받았다.

"당신 소견이 그것뿐인 줄 이미 알고 있었소. 당신 나이가 39센가 보구려."

그 신사는 움찔 놀라며 말했다.

"그럼, 스님이 말해 보시오."

"당신 소견에 맞춰 말해야 알아들을 것 같으니 속이 상하더라도 잘 들으시오. 자만심을 버리고 들으면 재미도 있을 것이오."

이 말에 이어 금오 선사는 말했다.

"우주의 창조 연대는 약 5분 전이었소. 알겠소?"

중년신사와 대화를 나누는 동안 약 5분 정도가 흘렀던 것이다.

【일본 선사편】

나를 사랑한다면 여기서 안아 보라
— 에슌 선사(慧春禪師)

에슌(慧春-생몰 연대 미상) 선사는 난보쿠쵸(南北朝)·무로마치(室町) 시대의 조동종(曹洞宗)의 여승이다. 속성은 후지와라(藤原)다.

에슌이 20명의 비구와 함께 어느 선사 밑에서 선 공부를 하고 있을 때였다. 비구니 에슌은 비록 옷차림은 남루했지만 용모는 빼어나게 아름다웠다. 그래서 같이 수업을 하던 비구 몇 사람이 그녀를 짝사랑하게 됐다. 그중의 한 비구가 용기를 내어 연애편지를 쓰고 은밀히 한번 만나기를 청하였다. 그러나 에슌은 답장을 주지 않았다. 다음 날 스승의 강론이 끝나자 느닷없이 에슌이 벌떡 일어나 자기에게 편지를 쓴 비구를 향해 일갈하였다.

"당신이 그렇게 나를 사랑한다면 이 많은 사람들 앞에서 나를 사랑한다고 고백하고 그 표시로 나를 힘껏 껴안아 보세요."

비구니 에슌은 이 세상을 떠나야 할 때가 되었다고 생각했다. 그래서 그는 몇몇 스님들에게 다비(茶毘)에 필요한 장작을 쌓아 놓으라고 했다.

모든 준비가 끝나자 에슌은 선방(禪房)에서 나와 장작더미 위에 올라가 앉았다. 그러고는 주위에서 독경하는 대중들을 보고 이제 그만 불을 붙이라고 했다.

장작더미에 불이 활활 타는 모습을 보고 나이 어린 스님이 무서워 소리치며 말했다.

"스님, 뜨겁지 않아요?"

눈을 감고 장엄하게 앉아 있던 에슌이 말했다.

"그런 생각은 너와 같이 어리석고 어리석은 이들에게나 깃드는 것이다."

이윽고 불이 타올라 에슌의 몸뚱이를 태워 버렸다.

천하일미의 단무지 다쿠안

— 다쿠안(澤庵宗彭)

다쿠안(澤庵-1573~1645) 선사는 아즈치모모야마(安土桃山) 시대와 에도(江戶) 시대 초기의 임제종 고승으로 10세 때 출가하여 시문(詩文)을 공부하는 한편 참선을 하면서 수행을 쌓았다. 32세 때 스승으로부터 대사(大事)를 요달(了達)하였다는 인가를 받고 다쿠안이라는 법호를 받았다.

다쿠안 선사가 있는 동해사(東海寺)로 장군 도쿠가와(德川)가 찾아왔다. 둘은 담소하다가 식사를 하게 되었다.
식사 도중 무 절인 것을 먹어 보고 도쿠가와가 말했다.
"아, 이것은 천하일미로군!"
매일같이 산해진미에만 익숙해진 장군인지라 오히려 담백한 것에서 맛을 느낄지도 모른다고 생각한 다쿠안 선사가 웃으며 말했다.
"무로 만든 것인데……."

도쿠가와는 진지한 표정으로 물었다.

"아니 무를 어떻게 해서 만들었소?"

"쌀겨와 소금에 절였을 뿐입니다."

"아! 참 별미요. 대사께서 고안하신 모양이니 앞으로 이 무를 다쿠안이라 부르기로 합시다."

이렇게 해서 단무지의 이름이 생겨났다.

하루는 동해사(東海寺)의 다쿠안 선사에게 자주 드나들던 한 젊은이가 한 폭의 족자를 가지고 와서 선사에게 찬(讚)을 청하였다. 그 그림은 화려하게 채색된 창녀의 나체화였다. 항상 마른 나뭇가지나 차가운 바위처럼 보이는 다쿠안 선사를 한번 시험해 보려는 속셈이었다.

그 그림을 보자 다쿠안 선사가 말했다.

"야, 이거 참 좋다 좋아. 나도 이런 미인을 두고 살았으면 얼마나 좋을까."

이 말을 마치고 글씨를 써 내려갔다.

"자, 이 정도면 될는지 모르겠네. 한번 읽어 보게."

그 젊은이는 다음 글을 읽어 내려가면서 자신도 모르게 옷깃을 여미며 자세를 가다듬었다.

"부처는 진리를 팔고 조사(祖師)는 부처를 팔고, 말세의 중생들은 조사를 파는데 그대는 5척의 몸을 팔아서 일체 중생의 번뇌를 편안케 하는구나."

>색즉시공 공즉시색
>버들은 푸르고 꽃은 붉도다.
>밤마다 물 위로 달이 지나가지만
>마음도 머무르지 않고 그림자도 남기지 않는다.

일본의 한 지방 번주(藩主)가 다쿠안 선사를 찾아와 물었다.
"하루를 어떻게 보내야 무료하지 않겠습니까?"
번주의 일과가 하루 종일 앉아서 지방 인사나 지방 사신들을 접견하는 일이다 보니 따분하기 그지없었다.
이에 다쿠안 선사는 시 한 수를 지어 번주에게 주었다.

>오늘은 들이 아니오.
>시간시간은 모두가 보석이네
>오늘은 두 번 다시 오지 않고
>매 분 매 분이 값을 매길 수 없는 보석이네.

저세상 일은
죽어 보지 않아 모르겠노라
― 구도(愚堂東寔)

구도(愚堂-1577~1661) 선사는 아즈치모모야마(安土桃山) 시대와 에도 시대 초기의 임제종 승려였다. 일본의 막부(幕府)가 정권을 좌지우지하던 당시 천황(天皇)의 스승으로 있었으나 수도승 차림으로 전국을 돌아다니며 탁발하기를 좋아했다.

구도 선사에게 일본의 천황 고요제이(後陽成)가 물었다.
"해탈하면 즉시 부처가 아닌가?"
구도 선사가 대답했다.
"제가 '그렇다' 하면 폐하는 그것이 참말인 줄 알 것이고, 만약 '아니요' 하면 많은 사람들이 지금까지 그렇게 믿고 있던 것을 부정하는 모순을 범할 것입니다."
다음 날 천황은 다시 구도 선사에게 물었다.

"깨달음을 얻은 사람이 죽으면 대체 어디로 가는가?"

"저는 모릅니다."

"아니, 선사가 모르다니?"

이에 구도 선사가 말했다.

"아직 죽어 보지 않아 알 수가 없습니다."

불경 간행보다 더 값진 것

― 데쓰겐(鐵眼道光)

데쓰겐(鐵眼-1630~1682) 선사는 에도 시대의 황벽종(黃檗宗) 승려이다.

데쓰겐 선사는 불경을 간행하기로 결심했다. 목판에 글을 새겨 책을 찍어 내는 이 방대한 사업은 그야말로 대역사였다. 10년간의 모금으로 불경을 간행할 정도의 돈이 모였다. 그런데 사건이 일어났다. 우지 강이 홍수로 범람하고 도처에 기근이 발생한 것이다. 데쓰겐 선사는 지금까지 모은 기금을 풀어 굶어 죽게 된 사람들을 구제했다.

데쓰겐 선사는 다시 기금을 모으기 시작했다. 5, 6년이 되자 불경을 간행할 기금이 모였다. 그런데 또 나라에 큰 재난이 발생하였다. 이번에도 모았던 기금을 재난 구제에 다 털어 놓았다.

데쓰겐 선사는 세 번째로 기금을 모금했다. 그래서 처음 기금을 모은 해로부터 20년 만에 데쓰겐 선사는 뜻을 이룰 수 있었다. 그가 제작한 목각판은 교토에 있는 황벽사(黃檗寺)에 보관되어 있다.

일본 사람들은 말한다.

"데쓰겐 선사는 평생에 세 차례 불경을 간행하였다. 그런데 우리의 눈에는 보이지 않는 두 차례의 불경 간행, 즉 재난을 구제한 것이 목판에 새긴 불경보다 더 값진 것이다."

관직보다는 사람을 만나고 싶다
— 게이츄 선사(契沖禪師)

게이츄(契沖-1640~1701) 선사는 에도 시대의 뛰어난 국학자이며 승려이다.

게이츄 선사가 동복사(東福寺)의 관장(管長)으로 있을 때, 교토의 지사(知事)가 그를 찾아왔다. 지사의 수행원 중의 한 사람이 지사의 명함을 게이츄 선사에게 내밀었다. 거기엔 '쿄토 지사 기타가키'라고 씌어 있었다. 명함을 바라보던 게이츄 선사는 제자에게 그 명함을 돌려보내며 말했다.

"나는 이렇게 지체가 높은 양반과는 상관이 없네. 자네는 가서 '빨리 여기서 나가 주십사.' 하고 내가 요청하더라고 전하게."

제자가 기타가키 지사에게 이 말을 전했더니 지사가 말했다.

"내가 실수를 했소. 그 명함을 이리 주시오."

명함을 받은 지사는 '교토 지사'라는 직함을 지우고 게이츄 선사의 제자에게 다시 주며 말했다.

"가서 당신의 스승에게 다시 여쭈시오."

직함이 지워진 명함을 받은 게이츄 선사가 소리치며 말했다.

"아, 그 기타가키! 그렇지 않아도 한번 만나 봤으면 했는데, 어서 들라 하여라."

어머니가 가르친 불교의 길
― 지운 선사(慈雲禪師)

지운(慈雲-1718~1804) 선사는 진언종(眞言宗)의 승려로 당대에 잘 알려진 일급 산스크리트[梵語] 학자이기도 했다.

선사는 젊어서부터 학문에 뛰어나 자기가 알고 있는 지식을 동료들에게 이야기하기를 좋아했다. 이런 사실을 알게 된 지운 선사의 어머니는 이렇게 편지를 보냈다.

"사랑하는 아들아, 남보다 조금 더 아는 것이 있다 해서 너의 생각을 과시하거나 동료들에게 지식을 전해 주는 것만을 좋아한다면 나는 네가 부처의 진정한 제자가 되지 못하리라는 것을 알고 있다. 지식의 욕망은 끝이 없다. 또 영광과 명예를 추구하는 욕심도 끝이 없다. 나는 네가 동료들에게 지식을 전달하는 것을 그만두고 부처의 길만 생각하기를 바란다. 도시를 떠나 산중의 고요한 곳에 있는 절을 찾아가 참선에만 전념하기 바란다. 참선에만 전념할 때 비로소 너는 자신을 잊어버리고 참된 깨달음의 지혜를 얻으리라 확신한다."

저 달까지 줄 수만 있다면
― 료칸(大愚良寬)

료칸(良寬-1758~1831) 선사는 에도 시대 후기의 고승이며, 가인(歌人), 화가로도 이름이 높다. 22세 때 출가하여 승려생활을 시작했다. 철저한 청빈주의, 고행주의로 일생을 살았지만 한편으로는 자유분방하고 시와 그림에 능통한 활달한 면도 지니고 있었다.

료칸 선사가 산기슭에 조그마한 오두막을 짓고 살 때였다. 어느 날 밤 도둑이 들었으나 가난한 선사에게서 훔쳐 갈 것이 아무것도 없었다. 실망한 도둑을 붙잡고 료칸 선사가 말했다.
"그대는 우리 집까지 먼 길을 왔는데 빈손으로 가서야 되겠는가? 이 옷을 벗어 줄 터이니 가져가시게."
도둑은 선사가 벗어 주는 옷을 들고 뒤도 돌아보지 않고 뛰었다. 벌거숭이가 된 료칸 선사는 뜨락에 앉아 달을 바라보며 중얼거렸다.
"저 아름다운 달까지 줄 수 있었더라면 얼마나 좋았을까. 하지만 달은 줄 수도 훔칠 수도 없구나."

료칸 선사에게는 조카가 있었다. 그는 친척들의 권고도 무시한 채 고급 창녀에 미쳐 재산을 탕진하고 있었다. 원래 료칸 선사는 세속에서 가문을 통솔하고 재산을 관리했어야 할 입장이었다. 그래서 친척들은 료칸을 찾아가 조카의 방탕한 생활에 대한 책임을 지고 재산 관리인인 조카의 버릇을 고쳐 놓으라고 강권하였다.

료칸 선사는 이 말을 듣고 조카를 만나러 먼 길을 떠났다. 조카 역시 료칸 선사가 온다는 말을 듣고 기뻤다. 선사는 조카와 함께 옛이야기를 하다가 나머지 밤을 좌선으로 지새우고 아침을 맞았다. 료칸 선사는 조카에게 떠나야겠다는 작별 인사를 하며 이렇게 말했다.

"세월은 어쩔 수 없구나. 옛날엔 안 그랬는데 이제 나이가 들어 그런지 손도 떨리고 아무것도 마음대로 할 수 없구나. 애야. 나를 좀 도와서 내 짚신의 끈을 매 주련."

조카는 료칸 선사를 도왔다. 이때 료칸 선사가 다시 말했다.

"고맙다. 나를 보면 알겠지만 인생이란 하루가 다르게 늙고 약해진다. 너도 나와 같이 되기 전에 할 일이 있으면 어서 하도록 해라."

료칸 선사는 단지 이 말 외에는 어떤 충고나 설교도 하지 않았다. 료칸 선사가 떠난 그날부터 조카에겐 변화가 왔다. 자신의 삶을 참회하며 지금까지의 방탕한 생활을 말끔히 청산했다.

한번은 그 지방의 번주(藩主)가 료칸 선사를 초청하기 위해 심부름하는 사람을 보냈다. 마침 료칸 선사는 탁발을 하러 나가고 없었다. 심부름꾼은 선사를 기다리는 동안 암자 주위의 무성한 잡초를 뽑고 깨끗하게 청소를 했다. 이윽고 돌아온 료칸 선사는 주위를 돌아보면서 탄식했다.

"풀을 다 뽑아 버렸으니 이제는 풀벌레 소리도 듣지 못하겠군."

심부름꾼이 돌아가 료칸 선사의 궁핍한 생활을 전하자 번주는 다시 심부름꾼에게 선사를 돕겠다는 뜻을 전하게 했다.

이에 선사는 다음과 같은 하이쿠(俳句)로 답하여 이를 사양했다.

"땔 정도의 낙엽은 바람이 가져다 주네."

부귀영화보다 더 소중한 것
— 센카이 선사(詮海禪師)

센카이(詮海-1786~1860) 선사는 에도 시대의 승려이다.

한 부호가 센카이 선사를 찾아와 부(富)를 지속할 수 있는 좋은 글을 써 달라고 간청했다. 이에 센카이 선사는 커다란 종이 한 장을 꺼내어 그 위에다 다음과 같이 썼다.

"아버지는 죽고 아들이 죽고 손자가 죽었다."

이 글을 본 부호는 화가 나서 거칠게 항의했다.

"우리 집안의 참 행복을 빌어 달라고 했는데 도대체 이 따위의 글이 뭡니까! 이렇게 사람을 우롱해도 되는 겁니까!"

센카이 선사는 침묵을 지키다가 천천히 입을 열었다.

"사람들이 아무리 재산을 많이 갖고 있다 해도 아버지보다 아들이 먼저 죽는다면 그 슬픔이 얼마나 클 것이며, 그 재산은 어떻게 하겠소? 당신의 아들에게도 마찬가지요. 아들보다 당신의 손자가 먼저 죽는다면 모든 게 소용없는 노릇이오. 사람이 살아 있어야 재산도 대대로 전승되는 것이 아니겠소? 많은들 뭘 하겠소? 사람이 천수를 누리고 죽을 수 있는 것보다 더 큰 재산과 행복이 어디 있겠소!"

센카이 선사 문하에서는 많은 제자들이 참선 공부를 하고 있었다. 그런데 한 제자가 밤만 되면 몰래 담을 넘어 마을로 내려가 재미를 보고 돌아오곤 했다. 이를 안 센카이 선사는 제자가 뛰어넘어 간 담 밑으로 가서 발판을 치우고 그 자리에 조용히 서 있었다. 마을에 갔던 제자가 담을 넘어 뜰로 내려섰다. 그러나 그 밑에 있는 것은 발판이 아니라 스승의 머리였다. 제자는 기절할 지경이었다.

그때 센카이 선사가 조용히 말했다.

"새벽에는 공기가 차다. 감기 들지 않도록 조심해야 한다."

그 후 제자는 밤에 담을 넘지 않았다.

왜 여자를 안고 잠자리에 드는가
― 하라단잔(覺仙原坦山)

하라단잔(原坦山-1819~1892) 선사는 에도 후기와 메이지 시대의 철학교수이다.

하라단잔 선사는 이승을 떠나는 마지막 날 예순 통의 편지를 쓰고는 제자에게 모두 송달하라고 했다. 그리고 세상을 떴다.
편지의 내용은 이러하다.

나는 이제 이 세상을 떠난다.
이것이 나의 마지막 말이다.

하루는 운쇼(雲照) 스님이 하라단잔 선사를 찾아왔다. 운쇼 스님은 불교의 계율을 엄히 지키며 살았다. 술은 한 모금도 입에 대지 않았고, 아침 11시 이후로는 일체의 음식물을 먹지 않았다. 어느 날 하라단잔 선사는 술에 만취되어 있으면서도 운쇼 스님이 온 것을 알고 말했다.

"어이, 친구 왔나! 어서 들어오게. 술 한 잔 할 텐가?"

운쇼 스님은 화가 난 목소리로 말했다.

"내가 술을 안 먹는 것을 알고 있지 않는가?"

"그래, 그래. 자넨 술을 입에 대지 않지! 하지만 술 한 잔 못하는 녀석도 사람인가?"

이 말에 운쇼 스님은 더욱 화가 나서 말했다.

"술 한 잔 못한다고 사람이 아니라면, 그럼 나는 무어란 말인가?"

이에 하라단잔 선사가 갑자기 엄숙한 어투로 말했다.

"자네? 사람이 아니고 부처야 부처."

하라단잔 선사가 에키도와 함께 여행을 하다가 큰 장마를 만났다. 시골길의 깊이 파인 곳으로 갑자기 흙탕물이 넘쳐흘렀다. 마침 아리따운 처녀가 그 흙탕물을 건너지 못해 안절부절못하고 있었다.

하라단잔 선사는 얼른 뛰어가 말했다.

"이리 오시오. 내가 도와드리리다."

이 말과 함께 처녀를 번쩍 안고 흙탕물을 건네주었다. 에키도는 아무 말 없이 바라보고만 있었다.

저녁이 되어 둘은 가까운 절을 찾아가 여장을 풀고 저녁을 먹었다. 에키도가 입을 열었다.

"수도승은 여자를 가까이해서는 안 되는 거야. 그것도 젊고 아리따운 처녀는 더더욱 안 되는 거야. 여자를 가까이하는 일은 수도승에겐 매우 위험한 일이야. 그런데 자넨 왜 낮에 그런 일을 했는가?"

이때 하라단잔은 금시초문인 듯 말했다.

"낮에 내가 무슨 일을 했는데?"

괘씸하다는 듯이 에키도가 다시 말했다.

"낮에 예쁜 처녀를 덥석 안고 흙탕물을 건네주지 않았는가?"

하라단잔 선사는 그제야 생각났다는 듯이 말했다.

"아, 그 일 말인가? 나는 그 여자를 흙탕물을 건네준 후 그곳에 두고 왔는데, 자네는 이곳 잠자리까지 데리고 왔구먼!"

너의 분노는 어디에서 유래한 것이냐
— 도쿠온(荻野獨園)

도쿠온(獨園-1819~1895) 선사는 에도 시대 후기와 메이지 시대의 선사였다. 8세 때 숙부뻘 되는 친척의 인도로 불문에 들어가 13세 때 득도하였다. 처음에는 《주역》과 학문에 심취했으나 어느 날 문득 깊이 느낀 바 있어 참선 수행에 용맹정진하였다.

한 젊은 수행승이 도쿠온 선사를 찾아와 자기가 이제까지 배운 지식을 자랑삼아 말했다.

"스님, 결국 이 세상에는 마음이니, 부처니, 중생이니 하는 것은 존재하지 않습니다. 이 세상의 참 본질은 무(無)에 불과합니다. 인식도, 환상도, 현자도 범인도 존재하지 않습니다. 이 세상엔 줄 것도 받을 것도 아무것도 없습니다."

묵묵히 듣고 있던 도쿠온 선사는 피우고 있던 대나무 담뱃대로 수행승을 후려쳤다. 갑자기 매를 맞은 수행승은 화가 나 얼굴이 붉으

락푸르락했다.

이때 도쿠온 선사가 말했다.

"아무것도 존재하지 않는데, 너의 그 분노는 도대체 어디서 온 것이냐?"

성욕을 억제한다고 해결되나
― 뎃슈(山岡鐵舟)

뎃슈(鐵舟-1836~1888) 선사는 무사의 집안에서 태어났다. 일본 에도 말기에 뛰어난 신하로 삼주(三舟)가 있었는데, 그중의 한 사람으로 검선일여(劍禪一如)의 경지에 도달하여 무도류(無刀流)의 시조가 된 사람이다.

뎃슈 선사는 출가 이전의 20대 초반에 성욕(性慾)으로 괴로워했다. 그러다가 결혼한 후 4, 5년이 지나서였다.

"성욕을 끊으려면 성욕이라는 바다에 뛰어들어 그 정체를 밝혀내야 한다."

이런 결론을 내리고는 방탕한 생활을 하였다.

"나는 이제부터 일본 땅에 있는 창녀들을 닥치는 대로 베겠다."

방탕의 생활은 10년 이상 계속되다가 34세가 되던 해에 갑자기 멈추었다. 그러나 성욕이 완전히 끊어진 것은 아니었고, 그 뒤로도

15년 동안 성욕의 찌꺼기가 남아 있었다고 훗날 고백했다. 뎃슈 선사가 도를 깨달았다는 인가를 받은 것은 45세 때이므로 인가를 받은 뒤에도 성욕이 남아 있었다는 말이 된다. 49세 때의 어느 봄날 뜰 앞에 있는 화초를 보고 홀연히 무아의 경지에 들었는데 그때부터 성욕에서 완전히 벗어났다고 한다.

만년의 뎃슈 선사는 자신의 주치의와 성에 대해 이야기를 하고 있었다. 주치의가 물었다.

"성욕을 끊지 않으면 선 수행을 할 수 없습니까?"

"성욕은 인간 생사의 근본이기 때문에 뿌리를 끊지 않고는 선을 완성할 수 없지요. 그렇지만 성욕을 끊는다는 건 대단히 어려운 일이지요."

이번에는 뎃슈 선사가 주치의에게 물었다.

"성욕을 끊는 방법은 무엇일까요?"

주치의가 대답했다.

"역시 여자를 멀리하고 정을 나누지 않는 것이 최선의 방법이 아니겠습니까?"

"그건 끊는 것이 아니라 억제하는 것뿐입니다. 그렇게 해도 성욕에 대한 집착은 남게 되지요."

이때 마침 대덕사(大德寺) 파의 관장인 노승 한 분이 찾아왔다. 뎃슈 선사가 노승에게 성욕에 대한 의견을 물었다. 노승이 얼버무리며 말했다.

"글쎄, 나는 그런 문제에 대해서는 전혀 문외한이라서…… 파자소암(婆子燒庵)의 공안(公案)이 해답이 되지 않을까요?"

파자소암의 내력은 다음과 같다.
한 노파가 어떤 스님을 20여 년간이나 공양했다. 항상 젊은 여자를 시켜 밥을 나르고 시중을 들게 했다. 어느 날 여인에게 그 스님의 품에 안겨 다음과 같이 묻게 했다.
"마음이 어떤가요?"
그 스님이 대답했다.
"고목과 바위 같으니 더운 기가 없다."
여인이 돌아와 그 스님이 한 말을 노파에게 전하며 미동도 않더라고 하자 노파가 말했다.
"내가 20년 동안 순 속물을 위해 헛짓을 했구나."
그 즉시 달려가 스님을 쫓아내고 암자를 불태워 버렸다.

겟슈 선사에게 엔초라는 사람이 찾아왔다. 엔초는 일본이 자랑하는 당대의 유명한 이야기꾼이다. 그가 연애 이야기를 하면 모두 연정으로 가슴이 울렁거렸고, 전쟁 이야기를 하면 전쟁터에 있는 듯한 착각을 일으킬 정도였다.
겟슈 선사가 엔초에게 말했다.
"그대는 마음대로 사람을 울렸다 웃겼다 한다면서? 그렇다면 우리 어머니께서 나에게 들려주셨던 '복숭아 소년비(桃太郞)'의 이야기를 해 주오. 어렸을 때 어머니께서 그 전설을 이야기해 주면 나는 그 곁에서 듣다가 잠이 들었다오. 우리 어머니가 해 준 대로 나에게 그 이야기를 들려주오."

엔초는 그 청을 감히 받아들이지 못하고 대신 시간을 달라고 했다. 훗날 엔초가 뎃슈 선사를 찾아왔다.

"이제 그 이야기를 해드리겠습니다."

뎃슈 선사가 말했다.

"다른 날 하세."

엔초는 낙심하여 돌아갔다. 다음 날 더 공부하여 뎃슈 선사를 찾아왔다. 그러나 또 거절당했다. 이렇게 거절은 여러 번 계속되었다. 엔초가 입을 열려 할 때마다 뎃슈 선사는 말했다.

"아직 우리 어머니와 같지 못하네."

엔초가 그 전설의 이야기를 뎃슈 선사의 어머니처럼 할 수 있었던 것은 그 후 5년 뒤였다.

뎃슈 선사는 이런 식으로 엔초에게 선법(禪法)을 가르쳤다.

지식을 비워야 지혜를 채우지
— 난인 선사

난인 선사는 메이지(明治) 시대의 선사이다.

어느 날 한 대학교수가 난인 선사를 찾아와 선에 대해 물었다. 난인 선사는 그에게 차를 대접하겠다고 했다.

찻잔이 진설되고 선사가 차를 따르기 시작했다. 그런데 찻잔에 차가 철철 넘치는데도 선사는 차를 계속 따랐다. 차가 넘쳐흐르는 것을 보다 못해 교수가 말했다.

"스님, 차가 넘쳐흐릅니다."

이에 난인 선사는 교수를 쳐다보며 말했다.

"이 찻잔처럼 당신은 당신의 견해로 가득 차 있소. 가득 찬 당신의 견해를 비우지 않는다면 선을 보여 줄 수가 없소."

비가 몹시 쏟아지는 날 난인 선사에게 덴노가 찾아왔다. 덴노 역시 선 수업을 하여 자타가 공인하는 승려였다. 난인 선사는 반갑게 덴노를 맞이한 후 말했다.

"지금 비가 오니 나막신을 신고 왔을 것이고, 그 나막신은 현관 앞에 벗어 놓았을 것일세. 그런데 자네는 우산을 나막신 왼쪽에 놓았는가, 오른쪽에 놓았는가?"

덴노는 왜 이런 질문을 갑자기 하는지 어리둥절했다. 그는 잠시 생각했다. 그리고 덴노는 깨달았다. 자신이 쌓고 있는 선의 수행을 일상적인 삶 속에서 실행하고 있지 못하고 있음을 깨달았다. 덴노는 난인 선사 앞에 무릎을 꿇고 제자가 되기를 원했다. 그의 제자가 된 후 6년 동안 더 선 수업을 한 후에야 비로소 삶 속에서도 자연스레 선을 실행하며 살 수 있었다.

절간 이야기

절간 이야기 4

며칠 전에 어느 회사에서 사원들을 위해 불교경제론을 이야기해 달라는 청법이 있었습니다. 나는 1천여 명이나 되는 청중 앞에서 잠시 양구하다가,

"여러분! 근세의 도인 중에서 혜월이라는 스님이 있었는데 어느 해 겨울 마을 사람들을 불러 산을 뭉개어 논을 만든 일이 있었습니다. 그런데 한겨울 내내 논은 겨우 두 마지기밖에 만들지 못했는데 품값은 논 열 마지기 값이 들어갔습니다. 그 절 주지 스님이 '혜월 스님! 논 두 마지기 치기 위해 논 열 마지기를 버려야 합니까?' 하고 울화통을 터뜨리자 혜월 스님 왈 '주지 스님은 바보다. 논 열 마지기는 저기 그대로 두고 두 마지기가 또 생긴 것도 모르고. 그간 마을 사람들 품값 받아 잘 쓰고, 원 세상에 이런 이익이 어디 있나. 내년 겨울에도 또 해야겠어.' 했답니다."

여기까지 내가 말하자 1천여 명이나 되는 청중들이 배를 들썩들썩거리며 웃었습니다. 그 웃음소리는 이승 사람들의 웃음소리가 아니었습니다. 물론 나도 배를 들썩들썩거리며 웃었지만 말입니다.

절간 이야기 9

일제 때, 총독부에서 전국의 33본사 주지 스님들을 모아 놓고 "조선 승려들도 결혼을 하기 바란다."고 했을 때 당시 수덕사 만공 스님이 "범계(犯戒)하면 그 나라 물도 먹을 수 없고, 땅도 밟을 수 없다. 더욱이 비구(比丘)를 파계시키면 죽어 축생이 된다. 고로 조선 총독은 세세토록 지옥축생이 될 것이다." 이렇게 설파하고 그들의 우리문화 말살정책을 준엄히 꾸짖은 일이 있었는데, 이 말을 전해 들은 만해 한용운 스님이 한달음에 달려가 만공 스님 산창을 두드리며,

"사자의 한 울음에 요괴의 뇌가 찢어졌습니다. 그러나 기왕이면 할(喝)보다는 몽둥이[棒]로 내리쳤으면 더 좋을 뻔했습니다."
하고 그날의 일을 찬탄하자 만공 스님은 이렇게 말했답니다.

"이 좀스런 친구야. 사자는 그림자만 보이는 법이니라."

절간 이야기 11

하루는 치악산 정휴(正休) 스님이 시외전화를 걸어,

"옛날 중국에 육상(陸常)이라는 뒤에 스님이 된 사람이 살았지요. 어느 날 육상은 그의 어머니의 매를 맞고 밖으로 뛰쳐나왔다가 잠시 후 다시 방으로 들어가 '어머니 슬픕니다.' 눈물을 흘리며 말했지요. 전에 없이 슬프게 우는 아들을 본 그의 어머니가 '네놈이 에미의 매를 맞고 우는 것을 처음 본다. 이놈아! 에미에게 매를 맞은 것이 그리도 슬프냐?'고 묻자 육상은 무릎을 꿇고 '어머니, 소생이 어머니의 매를 맞은 것이 슬퍼서 우는 것이 아닙니다. 옛날에 어머니의 매를 맞을 때마다 종아리에 시퍼런 멍이 들고 몹시 아팠는데, 오늘은 그토록 맞아도 아프지 않으니 어머니가 늙으셔서…… 기력이 다 하신 것 같아서…….' 하고 어깨를 들먹거리고 있었습니다."

여기서 잠시 말을 끊고는,

"이 이야기가 얼마짜리나 되겠소?"

하고 거량을 해 오기에,

"고인(古人)들이 진리란 언어도단(言語道斷)하고 심행처멸(心行處滅)한 자리라 했으니, 무게를 달아 값을 매길 수도 없고 별달리 흥정할

거간꾼도 없지 않소?"

이렇게 반문하고는,

"그러나 세상에는 물물거래가 있듯이 진리에는 또 법거래(法去來)라는 것이 있으니 일백만 원을 드리리다."

했더니 정휴 스님은,

"좋습니다."

하고 한바탕 웃어젖혔는데 수화기를 놓고 들으니 그게 웃음소리가 아니라 불효자의 통곡소리였습니다.

절간 이야기 18

당송(唐宋) 2대 중 9대 문장가의 한 사람인 소동파(蘇東坡)는, 어느 때 승호(承皓)라는 큰스님이 있다는 말을 듣고, 그를 한번 점검해 보기 위해 변장을 하고 찾아간 일이 있었답니다.

승호 스님이 먼저 물었습니다.

"대관(大官)의 존함은 누구십니까?"

"나의 성은 칭(秤) 가요."

"칭 가라니요?"

"천하 도인 선지식 학자의 무게를 달아 보는 저울도 모릅니까?"

소동파의 오만무례한 말이 떨어지기가 무섭게, 승호스님은

"악!"

벼락 치는 소리를 내지르고는, 덤덤히

"이 소리는 몇 근이나 됩니까?"

그 찰나 독천하 소동파가 되우 죽은 얼굴을 하고, 돌아가 대 분심을 일으켜 이런 게송(偈頌)을 남기게 되었답니다.

산색(山色)은 그대로가 법신(法身)

물소리는 그대로가 설법(說法)

절간 이야기 24

해장사 해장(海藏) 스님에게 산일(山日) 안부를 물었더니, "어제는 서별당(西別堂) 연못에 들오리가 놀다가 가고, 오늘은 산수유 그림자만 잠겨 있다." 하십니다.

절간 이야기 29

한나절은 숲 속에서 새 울음소리를 듣고
반나절은 바닷가에서 해조음 소리를 듣습니다
언제쯤 내 울음소리를 내가 듣게 되겠습니까

며칠 전 해인사에 계시는 사숙님이 오셔서 "요즘 뭘 해?" 하시기에 위의 시조를 지어 보여 드렸더니, "미친 놈! 나는 병(病)이 다 없어진 줄 알고 왔더니 병이 더 깊었군. 언제까지나 도(道)는 안 닦고 장구(章句) 따라다닐 참인가? 또 헛걸음했군!"

내가 나를 바라보니

무금선원에 앉아
내가 나를 바라보니

기는 벌레 한 마리
몸을 폈다 오그렸다가

온갖 것 다 갉아먹으며
배설하고
알을 슬기도 한다.

무자화(無字話)
― 부처

강물도 없는 강물 흘러가게 해 놓고
강물도 없는 강물 범람하게 해 놓고
강물도 없는 강물에 떠내려가듯 뗏목다리

일색변(一色邊) 1

무심한 한 덩이 바위도
바위소리 들을라면

들어도 들어 올려도
끝내 들리지 않아야

그 물론 검버섯 같은 것이
거뭇거뭇 피어나야

일색변 3

사내라고 다 장부 아니여
장부소리 들을라면

몸은 들지 못해도
마음 하나는 다 놓았다 다 들어 올려야

그 물론 몰현금(沒弦琴) 한 줄은
그냥 탈 줄 알아야

일색변 7

세상은 산다고 하면
부황이라도 좀 들어야

장판지 아니라도
들기름을 거듭 먹여야

그 물론 담장 밖으로
내놓을 말도 좀 있어야

결구 8

그 옛날 천하장수가
천하를 다 들었다 다 놓아도

한 티끌 겨자씨보다
어쩌면 더 작을

그 마음 하나는 끝내
들지도 놓지도 못했다더라

산승(山僧) 1

차라리 외로울 양이면
둥글지나 마올 것을

닫은 문 산창 가에
휘영청이 뜨는 마음

살아갈 이 한 생애가
이리 밝아 적막고나

산승 2

내 삶은 철새련가
철을 좇아 옮아 앉은

어젯날 산에서 울고
오늘은 창해에 떴네

내일은 또 어느 하늘가
아픈 깃을 떨굴고.

무설설(無說說)

지난달 초이튿날 한 수좌가 와서
달마가 서쪽에서 온 뜻을 묻길래
내설악 백담 계곡에는 반석이 많다고 했다.

불이문(不二門)

산너머 놀너머에
일월마저 겨운 저녁

머물던 하나 소망
그나마도 다 사위고

긴 여운 남기는 바람
열어 놓은 내 가슴.

고향당(古香堂) 하루

하늘빛 들이비치는 고향당 루마루에
대오리에 엮어 만든 발을 드리우니
오늘 이 하루도 그냥 어른어른거린다.

비스듬히 걸린 벽화. 신선도 한 폭
늙은 사공은 노도(櫓棹)를 놓고 어주(魚舟)와 같이 흐르고
나는 또 어느 사이에 낙조가 되었다.

겨울 산사(山寺)

물빛 닮은 산승이요
산빛 닮은 절입니다

깊은 꿈 그 골 깊이
잠겨드는 심상입니다

부연 끝 아픈 인경이
떨어지고 있습니다.

몽 상

산에는 백도라지 들에는 민들레 꽃
내 고향 아득한 기억은 우물 속 드리운 얼굴
담장가 등 돌리고 섰던 순이 한번 만나고 싶다.

물올라 싱그러운 쑥 내음은 나도 몰라
십리도 까마득한 언덕 달은 너무 밝아
못 지울 영상을 밟고 몰래 나온 조그마한 마을.

마셔서 차지 않고 못내 비운 이날 밤은
어딘지 시름 번질 속 쓰린 항아린가
깨고 난 잠의 자리엔 메아리만 감도네.

잘못 살아온 세상이라도 정화수 끝내 말고
초 한 자루 밥 한 그릇 외할머니 빌어 주신
그날 그 돌상 곁에서 놀 수 없는 왕자여.

앵 화

어린 날 내 이름은
개똥밭의 개살구나무

벌 나비 질탕한 봄도
꽃인 줄을 모르다가

담 넘어 순이 가던 날
피 붉은 줄 알았네.

재 한 줌

어제, 그끄저께 영축산 다비장에서
오랜 도반을 한 줌 재로 흩뿌리고
누군가 훌쩍거리는 그 울음도 날려 보냈다.

거기, 길가에 버려진 듯 누운 부도
돌에도 숨결이 있어 검버섯이 돋아났나
한참을 들여다보다가 그대로 내려왔다.

언젠가 내 가고 나면 무엇이 남을 건가
어느 숲 눈먼 뻐꾸기 슬픔이라도 자아낼까
곰곰이 뒤돌아보니 내가 뿌린 재 한 줌뿐이네.

산에 사는 날에

나이는 뉘엿뉘엿한 해가 되었고
생각도 구부러진 등골뼈로 다 드러났으니
오늘은 젖비듬히 선 등걸을 짚어 본다.

그제는 한천사 한천 스님을 찾아가서
무슨 재미로 사느냐고 물어 보았다
말로는 말 다할 수 없으니 운판 한번 쳐 보라,
했다.

이제는 정말이지 산에 사는 날에
하루는 풀벌레로 울고 하루는 풀꽃으로 웃고
그리고 흐름을 다한 흐름이나 볼 일이다.

적멸을 위하여

근음(近吟)
— 몰자미(沒滋味)의 서품(序品)

일찍이 초의 선사는 이 세상 가는 법을
홀로거나 둘이거나 물 끓이는 일이나니
인생은 별것 없어라 녹차 한 잔 들고 가네
정녕 내가 머물 곳은 어촌 주막 같은 곳
하루는 종놈 되고 또 하루는 종년 되어
무시로 음식찌꺼기나 얻어 그냥 좋아할 일이다.

겨울 산짐승

동지 팥죽 먹고 잡귀 다 몰아내고
조주 대사 어록을 읽다가 잠이 들다

우두둑 설해목 부서지는
먼 산 적막 속으로

인천만 낙조

그날 저녁은 유별나게 물이 붉다 붉다 싶더니만
밀물 때나 썰물 때나 파도 위에 떠 살던
그 늙은 어부가 그만 다음 날은 보이지 않데.

치악 일경
―정휴 선사에게

그 언제 어떤 대장장이가
쇳물을 부어서

일출사 부처님 조성
월출사에는 종을 달고……

한 억 년
소식 없더니
치악에서 빗물이하데

내가 쓴 서체를 보니

지난날 내가 쓴 반흘림 서체를 보니
적당히 살아온 무슨 죄적 같구나
붓대를 던져 버리고 잠이나 잘걸 그랬던가.

이날토록 아린 가슴을 갈아 놓은 피의 먹물
만지, 하늘 펼쳐 놓자 역천인가 온몸이 떨려
바로 쓴 생각조차도 짓이기고 말다니!

일색과후(一色過後)

나이는 열두 살
이름은 행자

한나절을 디딜방아 찧고
반나절은 장작 패고……

때때로 숲에 숨었을
새 울음소리 듣는 일이었다

그로부터 10년 20년
40년이 지난 오늘

산에 살면서
산도 못 보고

새 울음소리는커녕
내 울음도 못 듣는다.

남산골 아이들

남산골 아이들은
흰 눈 덮인 겨울이 가면

십리도 까마득한
산속으로 들어가서

멧새알 둥지를 안고
달빛 먹고 오더라.

일월(日月)

하늘은 저만큼 높고
바다는 이만큼 깊고

하루해 잠기는 수평
꽃구름이 물드는데

닫힐 듯 열리는 천문(天門)
아, 동녘 달이 또 돋는다.

적멸을 위하여

삶의 즐거움 모르는 놈이
죽음의 즐거움을 알겠느냐

어차피 한 마리
기는 벌레가 아니더냐

이다음 숲에서 사는
새의 먹이로 가야겠다.

아득한 성자

허수아비

새 떼가 날아가도 손 흔들어 주고
사람이 지나가도 손 흔들어 주고
남의 논일을 하면서 웃고 있는 허수아비

풍년이 드는 해나 흉년이 드는 해나
── 논두렁 밟고 서면 ──
내 것이거나 남의 것이거나
── 가을 들 바라보면 ──
가진 것 하나 없어도 나도 웃는 허수아비

사람들은 날더러 허수아비라 말하지만
맘 다 비우고 두 팔 쫙 벌리면
모든 것 하늘까지도 한 발 안에 다 들어오는 것을

축음기
― 일제하 어느 무명가수 생애를 떠올리며

언제부터인가 찾아오는 사람이 없다
어쩌다 늙은이들만 오랜만이라고 만져 보고 간다
내가 본
지금 나의 면목은
녹슨 축음기

산에서나 들에서나 그 어디에서나
── 소리 듣고 ──
별이 뜨는 밤이거나 뜨지 않는 밤이거나
── 소리 듣고 ──
날 닮은 나뭇가지들 다 휘어지고 다 부러졌지

이제 내 소리 듣고 흉내 낼 새도 없고
이제 내 소리 듣고 맛들 열매도 없다
이제는 내가 나를 멀리 내다 버릴 수밖에

숨 돌리기 위하여

땅이 걸어서 무엇을 심어도 좋은 밭
쟁기로 갈아엎고 고랑을 만들고 있다
나처럼 한물간 넝쿨은 걷어 내고

이제는 정치판도
갈아엎어야
숨 돌리기 위하여

성(聖), 토요일의 밤과 낮

오늘은 등락의 폭이 큰 주가도
산그늘로 더금더금 길어져서 아픔을 덮어 갔다
빗살 완자창 멀리 보이는 빙경(氷鏡)도
남의 집에 달포나 삐대고 있는
나를 받아들이고 있는데
저 나무는 뭐가 못마땅해서 잔뜩 뼈물고 있나

설악산 노염 같은 눈사태

오늘은 성 토요일
거룩한 이가 무덤 속에 머물러 있음을 기억하는 날

어간대청의 문답(門答)

오늘 아침 화곡동 미화원
김 씨가 찾아와서
쇠똥구리 한 마리가
지구를 움직이는 것을 보았느냐고 묻는다

나뭇잎 다 떨어져서
춥고 배고프다 했다

내 삶은 헛걸음

간혹 대낮에 몸이 흔들릴 때가 있다
땅을 짚어 봐도 그 진도는 알 수 없고
그럴 때—ㄴ 눈앞의 돌도 그냥 헛보인다

언젠가 무슨 일로 홍릉 가던 길목이었다
산 사람 큰 비석을 푸석돌로 잘못 보고
발길로 걷어차다가 다칠 뻔한 일도 있었다

또 한 번은 종로 종각 그 밑바닥에서였다
누군가 내버린 품처 없는 한 장 통문
그 막상 다 읽고 나니 내가 대역죄인 같았다

그 후론 정말이지 몸조심한다마는
진도가 심할 때는 어쩔 수 없이 또 흔들리고
따라서 내 삶도 헛걸음 헛보고 헛딛는다

된새바람의 말

걸어가고 있는 거다 걸어가고 있는 거다 때 아닌
저 바다의 적조(赤潮), 그리고 또 포말들을
이 겨울밤의 마적(魔笛)이 걸어가고 있는 거다

고목 소리

한 그루 늙은 나무도
고목 소리 들을라면

손은 으레껏 썩고
곧은 가지들은 다 부러져야

그 물론 굽은 등걸에
장독(杖毒)들도 남아 있어야

시간론(時間論)

여자라고 다 여자 아니여
여자 소리 들을라면

언제 어디서 봐도
거문고줄 같아야

그 물론
진겁(塵劫) 다 하도록
기다리는 사람 있어야

비슬산 가는 길

비슬산 굽잇길을 누가 돌아가는 걸까
나무들 세월 벗고 구름 비껴 섰는 골을
푸드득 하늘 가르며 까투리가 나는 걸까

거문고 줄 아니어도 밟고 가면 운(韻) 들릴까
끊일 듯 이어진 길 이어질 듯 끊인 연(緣)을
싸락눈 매운 향기가 옷자락에 지는 걸까

절은 또 먹물 입고 눈을 감고 앉았을까
만첩첩(萬疊疊) 두루 적막(寂寞) 비워 둬도 좋을 것을
지금쯤 멧새 한 마리 깃 떨구고 가는 걸까

자갈치 아즈매와 갈매기

사내대장부 평생을 옷 한 벌과 지팡이 하나로 살았던 설봉(雪峰) 스님은 말년에 부산 범어사에 주석했는데 그 무렵 곡기를 끊고 곡차를 즐겼지요.

그날도 자갈치 그 어시장 그 많은 사람사람 사투리사투리 물비린내물비린내 이것들을 질척질척 밟고 걸어 들어가니, 생선 좌판 위에 등이 두툼한 칼로 생태를 토막 내고 있던 눈이 빠꼼한 늙은 '아즈매 보살'이 무르팍을 짚고 꾸부정한 허리를 펴며 뻐드렁니 하나를 내어 놓았지요.

"요새 시님 코빼기도 본 사람 없아캐싸서 그마 시상 살기 싫다 캐서 열반에 드셨나 했다 캐도요. 오래 사니 또 보겠다 캐도……."

이러고는 바짝 마른 스님의 손목을 거머잡는가 싶더니 치마 끝으로 눈곱을 닦아 내고, 전대에서 돈 오천 원을 꺼내어 곡차 값으로 꼭 쥐어 주고, 이번에는 빠닥빠닥한 만원권 한 장을 흰 봉투에 담아 주머니에 넣어 주면서,

"둘째미누리 아아가 여태 태기가 없다 캐도…… 잠이 안 온다 캐도요. 둘째놈 제대 만기제대하고 취직하마 시님 은공 갚을끼라 캐도

요. 그마 시님이 곡차 한잔 자시고요. 칠성님께 달덩이 머스마 하나 점지하라 카소. 약소하다 캐도 행편 안 그렁교?"
하고 빠꼼빠꼼 스님을 쳐다보자, 스님은 흰 봉투 속을 들여다보고는 선화(禪話) 하나를 만들었지요.

"아즈매 보살! 요새 송아지 새끼 한 마리 값이 얼마인 줄 알고 캅니꺼? 모르고 캅니꺼? 도야지 새끼도 물 좋은 놈은 몇 만 원 한다 카는데에 이것 가지고 머스마 값이 되겠니꺼?"

그러자 그 맞은편 좌판 앞에서 물오징어를 팔고 있던 젊은 아즈매 보살이 쿡쿡 웃음을 참다못해 밑이 추지도록 웃고 말았는데, 때마침 먹이를 찾아왔던 갈매기 한 마리가 그 웃음소리를 듣고 멀리 바다로 날아갔는데, 그 소문을 얼마나 퍼뜨렸는지······.

그 후 몇 해가 지나 설봉 스님 장례식 때는 부산 앞바다 그 수백 마리의 갈매기들이 모여들어서 아즈매 보살들의 울음소리를 흑흑 흑······ 흉내를 내다가 눈물 뜸뜸 떨구었지요.

아득한 성자

하루라는 오늘
오늘이라는 이 하루에
뜨는 해도 다 보고 지는 해도
다 보았다고
더 이상 더 볼 것 없다고
알 까고 죽는 하루살이 떼

죽을 때가 지났는데도 나는
살아 있지만
그 어느 날 그 하루도 산 것 같지 않고 보면
천년을 산다고 해도
성자는
아득한 하루살이 떼

선 「열흘간의 만남」, 「벽암록」, 「무문관」, 「선문선답」, 「절간 이야기」, 「아득한 성자」